360°全景探秘
最不可思议的中外历史

最不可思议的中外历史
ZUI BU KE SI YI DE ZHONG WAI LI SHI

360度全景探秘

最不可思议的中外历史

主编 李 阳

天津出版传媒集团
天津科学技术出版社

图书在版编目（CIP）数据

最不可思议的中外历史 / 李阳主编. —天津：天津科学技术出版社，2012.4（2021.6重印）
（360度全景探秘）
ISBN 978-7-5308-6988-8

Ⅰ.①最… Ⅱ.①李… Ⅲ.①世界史—通俗读物
Ⅳ.①K109

中国版本图书馆CIP数据核字（2012）第078804号

360度全景探秘——最不可思议的中外历史
360DU QUANJING TANMI —— ZUI BUKE SIYI DE ZHONGWAI LISHI

责任编辑：杜宇琪

责任印制：刘　彤

出　版：	天津出版传媒集团
	天津科学技术出版社
地　址：	天津市西康路35号
邮　编：	300051
电　话：	（022）23332399
网　址：	www.tjkjcbs.com.cn
发　行：	新华书店经销
印　刷：	永清县晔盛亚胶印有限公司

开本 690×940　1/16　印张 10　字数 200 000
2021年6月第1版第5次印刷
定价：35.00元

目 录

一、世界历史之谜 / 1

伊丽莎白女王之谜 / 2

拿破仑死因之谜 / 5

亚历山大大帝之谜 / 7

埃及艳后死因之谜 / 10

沙皇亚历山大一世死亡之谜 / 13

英王乔治五世和玛丽皇后之死谜案 / 16

希特勒身死之谜 / 18

居鲁士死因之谜 / 21

提修斯的历史之谜 / 24

腓力二世被刺之谜 / 27

肯尼迪被刺之谜 / 30

迈克·洛克菲勒生死之谜 / 32

杀害马丁·路德·金元凶之谜 / 35

耶稣存在之谜 / 38

苏格拉底死因之谜 / 40

哥伦布的国籍之谜 / 42

马可·波罗的中国行之谜 / 45

庇隆遗体的双手失踪之谜 / 47

哈克总统罹难之谜 / 49

诗人荷马之谜 / 52

法国历史上的"铁面人"是谁 / 53

达·芬奇与《蒙娜丽莎》之谜 / 55

德国"国会纵火案"的元凶之谜 / 57

德黑兰会议上"三巨头"有惊无险 / 58

美国登月之谜 / 60

美国9·11事件几大未解之谜 / 62

谋杀威廉二世之谜 / 65

二、中国历史之谜 / 69

神秘的释龙之谜 / 70

姜太公家乡之谜 / 72

韩信死因之谜 / 74

禹划分九州之谜 / 76

"华夏"名称之谜 / 78

三皇五帝之谜 / 80

"扶桑"之谜 / 82

《战国策》作者之谜 / 84

车裂与"五马分尸"之谜 / 86

秦始皇的生父之谜 / 88

李唐皇室血统之谜 / 90

唐玄宗迷恋杨玉环之谜 / 92

李白死因之谜 / 94

秦始皇"坑儒"之谜 / 96

司马迁受腐刑之谜 / 98

郑和下西洋之谜 / 100

震惊明朝的三大案之谜 / 102

陈圆圆死因之谜 / 106

清孝庄太后下嫁之谜 / 108

顺治帝出家之谜 / 110

刘备识诸葛亮之谜 / 112

曹操陵墓之谜 / 114

花木兰其人其事之谜 / 116

兀术遗桧书是否存在之谜 / 118

"烛影斧声"之谜 / 120

雍正继位之谜 / 122

雍正猝死之谜 / 124

乾隆身世之谜 / 126

昭君千古谜团 / 129

西施有无之谜 / 132

貂禅之谜 / 135

北宋名妓李师师归宿之谜 / 138

李清照改嫁之谜 / 140

明初建文帝下落之谜 / 144

杨贵妃下落之谜 / 146

梁祝有无之谜 / 149

一、世界历史之谜

伊丽莎白女王之谜

◆ 伊丽莎白女王的加冕像

在1558年,伊丽莎白在英格兰新兴资产阶级和新教徒的拥戴下,继承王位成为伊丽莎白一世。伊丽莎白自幼聪慧、美貌,并接受了良好的教育。她才思敏捷,博览群书,通晓意大利、法兰西、西班牙等国语言。在她统治期间,任用贤才,积极推进国家各方面的改革。她在位44年,带领大英帝国进入"黄金时期",使英国成为当时欧洲最富强的国家,为英国的强盛作出了不可磨灭的贡献。但是,她却终

身未嫁,这引起人们对她的种种猜测。

身边也不乏优秀的追求者,也有她喜欢的人,总是在要成婚之际,又突然归于沉寂,直到最后死去,还是孤身一人。

美貌多情的伊丽莎白女王为什么终身不结婚,后人有过种种猜测:女王的父亲亨利八世三次杀妻、六娶皇后,使伊丽莎白从小就蒙上了一层心理阴影,不信任男人和家庭,患上了"婚姻恐惧症";女王的政敌则宣称她根本没有正常的生理功能,是一个阴阳人,因为宫中曾传出女王的月经少得可怜;而另一些

◆ 英格兰

◆ 伊丽莎白女王

持相反意见的人则说女王有过私生子；还有人认为，从古至今各国王室成员的婚姻，无不烙上深深的政治烙印，只是国家政治、国际关系的附属物，包含了太多的阴谋与利益关系，聪明的女王宁愿选择独身也不愿终生生活在龌龊的交易中。

总之，女王在位四十五年，大臣们为了她的不嫁之谜可以说是绞尽了脑汁，但都未能解开这个死结，随着女王的逝世，更难有解开之日了。

◆ 英格兰

拿破仑死因之谜

拿破仑的死因一直是个谜团，全世界很多学者对此众说纷纭。曾经叱咤欧洲大陆的拿破仑遭遇滑铁卢后被流放到英属南大西洋小岛——圣赫勒拿岛。1821年5月5日在岛上逝世，时年52岁。当时官方给出的死亡报告书称死因是胃癌。将近二百年来法国民间一直流传着各种各样的拿破仑死于非命的传说，有人说他病死，有人说他被敌人刺死，还有人说他被情妇毒

◆ 拿破仑

◆ 拿破仑加冕图

◆ 拿破仑

死,其中流传最广的说法就是拿破仑被人毒死。

人们再次关注拿破仑的死因之谜是在十年前,美国联邦调查局和英国伦敦警察厅合作调查案件,却偶然发现一个惊人事实:拿破仑的头发中含有有毒物质,但是一直没有可靠的证据证实有毒物质的来源。

拿破仑的死因,在有关学术界引起了广泛的兴趣,结论仍各有所异。迄今为止,哪一个结论更符合历史事实,还是让有识之士自行鉴别为是。

亚历山大大帝之谜

古代世界显赫一时、叱咤风云的亚历山大大帝曾率领马其顿希腊联军发动了将近十年的对波斯帝国的远征，征服了东方广大地区，建立了横跨欧、亚、非三大洲的庞大帝国。但是，公元前323年夏，亚历山大在巴比伦突然患病逝世了。其病因始终是一个未解的疑团。

一种说法，前苏联学者塞尔格叶夫在《古希腊史》中提出："亚历山大死于恶性疟疾。"美国学者爱德华·麦克诺尔·伯恩斯和菲利普·李·拉尔夫在《世界文明史》中

◆ 亚历山大大帝剧照

◆ 希腊风景

也写道:"公元前323年,他身染巴比伦疟疾,死时年仅32岁。"另一位美国学者富勒将军在《亚历山大新传》中进一步认为:"可能是因为他长期在沼泽地区与野蛮人作战染上了恶性疟疾,于6月13日日落时,他永远地闭上了眼睛。他既未留下遗嘱,也未指定继承人……"中国史学家吴于教授等也持同样的看法。

另一种说法,英国著名史学家赫·乔·韦尔斯在《世

◆ 亚历山大大帝剧照

界史纲》中认为:"亚历山大在巴比伦有一回酩酊大醉以后,突然发烧,病倒,死去了。"

还有一种说法,古希腊史学家阿里安在《亚历山大远征记》中除记述了亚历山大连日跟迈狄亚斯(密迪亚斯)一起饮酒作乐,以致受寒发烧,最后死去外,还叙述了其他一些情节——说部将安提帕特曾送给亚历山大一副药,他是吃了这副药才死的。这就有了亚历山大被毒死一说。

关于亚历山大大帝的死因,古今学者一直在探寻,也众说纷纭,但究竟是何原因,尚待人们进一步探究。

埃及艳后死因之谜

提起埃及，人们马上就会想到金字塔、木乃伊，然而在这个古老的国度里还有一个未解之谜，那就是托勒密王朝的最后一位女王——克里奥帕特拉（公元前69—公元前30年）的死因之谜。她那令人倾倒的姿色、狡猾的手腕、传奇风流的一生统统让人难忘。

公元前31年，安东尼与屋大维会战于阿克提乌姆海角。安东尼战败自杀，艳后被俘。

克里奥帕特拉被屋大维生俘后，她还抱着一丝幻想，想以美色再次迷惑屋大维，但没有奏效。一天，当她得知她将作为战利品被带到罗马游街示众的消息后，便自杀身亡了，还立有遗嘱：要求把她与安东尼合葬在一起。

但是她是怎么死的呢？

传统观点认为，女王事先安排一位农民带进墓堡一只盛满无花果的篮子，里面藏有一条叫"阿斯普"的小毒蛇，让它咬伤了自己的手臂，导致中毒昏迷而死。或者是，女王早就把蛇喂养

在花瓶里，用一枚金簪刺伤它的身体，引它发怒，直到它缠住她的手臂。

另一种观点认为，女王不是死于毒蛇，而是用一只空心锥子，刺入自己的头部致死。

她死于毒蛇的论断，屋大维也是深信不疑的，因为在他的凯旋仪式上，克里奥帕特拉女王的塑像上被安排了一条毒蛇缠绕在她的手臂上。

◆ 埃及艳后剧照

沙皇亚历山大一世死亡之谜

　　1825年9月，亚历山大遵照医生的嘱咐，离开圣彼得堡，到气候适宜但位置偏僻的亚速海上小镇塔甘罗格疗养。起初，疗养的生活还算惬意，可过了不到两个月，俄国皇宫突然宣布，亚历山大一世于11月19日在疗养地驾崩。亚历山大的突然死亡，引起人们的纷纷猜测。

　　有人说，他的确是死于疾病；也有人说，他根本就没有死，而是看破红尘，借疗养之机遁入山林过起了隐居生活。此后，亚历山大的死成了一桩悬案。

◆ 古车

360°全景探秘

Z 最不可思议的中外历史
ZUIBUKESIYIDEZHONGWAILISHI

◆ 圣彼得堡

◆ 俄罗斯首都莫斯科

亚历山大去世10年后的一天，在乌拉尔山区的一个村子出现了一位雍容高雅、仪表超俗、自称费道尔·库兹米奇的老人。由于他说不清自己的来历，被警察局驱逐到了西伯利亚。在那里，他居无定所，含辛茹苦，生活十分艰难。但他学识渊博，待人宽厚，深得当地群众爱戴。人们慢慢发现，他对当

代的政治事件了如指掌，对一些名人事迹如数家珍。他能绘声绘色地讲述俄军开进巴黎时的盛况，甚至能一个一个地说出当时沙皇身边的随员。有人说他在某段时间内经常收到一个名叫玛丽亚·费多罗芙娜（这是亚历山大一世母亲的名字）的女人寄来的钱和衣物。

1864年1月20日，费道尔·库兹米奇以87岁的高龄寿终正寝，而他给后人留下了许多疑问：一位曾参与医治亚历山大疾病的医生，从不参加11月19日纪念亚历山大之死的祷告仪式，而1864年1月的一天，他却亲自领着大家为亚历山大的亡灵祈祷。他流着泪说："沙皇这下真是死了。"而在继任沙皇亚历山大二世办公室的墙壁上，一直挂着费道尔·库兹米奇的画像。

英王乔治五世和玛丽皇后之死谜案

◆ 玛丽皇后

1936年3月20日，英国国王、71岁的乔治五世溘然而逝。次日，著名的《泰晤士报》以头条位置醒目地刊载了这样一条新闻：《国王逝世——午夜安然地寿终正寝》。对此，似乎谁都不曾怀疑过。然而，事过50多年后，有位名叫沃森的人出于

◆ 玛丽皇后

写历史传记的关系向世人披露了当时的一个秘密:英王乔治五世是被皇家御医多逊勋爵注射过量吗啡和可卡因而非正常死亡的。学者哥顿温特和约翰詹姆斯在合著的《王室秘密》一书中同样宣称:当今英国女王的祖父、祖母——乔治五世和皇后玛丽是被谋杀而非自然死亡。他们的说法是:乔治五世在临终时,其御医多逊勋爵给他注射了一种致命的药剂,使他在适当的时间驾崩。此说一出,旋即在世界范围内引起了一场轩然大波,英、美等报刊也对此议论纷纷。

一些英国著名人士纷纷指责多逊的行为:英国前皇家医师协会会长布莱克爵士说多逊为此犯下了"罪恶",国王的官方传记作者罗斯认为多逊参与"谋害"了国王……幸亏多逊已于1945年去世,不然的话,他就惹上大麻烦了。

就是围绕安乐死与正常死亡之间的争论,对这一疑案本来最有发言权的英国王室却一直保持沉默,致使真相始终未明。

◆ 乔治五世

◆ 英王乔治五世号战舰

希特勒身死之谜

◆ 希特勒

1945年4月30日，德国法西斯头子希特勒在苏军攻入柏林、逼近总理府的情况下，结束了其罪恶的一生。几天后，德国宣布投降。在希特勒的总理府花园内，苏军找到了两具尸体，经解剖和法医检验，确认是希特勒及其情妇爱娃·勃劳恩。长期以来，人们一直在探讨，希特勒是怎样丧命的？是自杀，还是他杀？

一些人认为，希特勒是自杀身亡

的。随着世界反法西斯联盟的形成,德军处于四面挨打的局面。苏军开始反攻,英美联军在诺曼底登陆,希特勒固守本土的意图被打破,苏军攻入柏林。希特勒看到大势已去,为了逃避世界人民对他的惩罚,于是决定自杀焚尸。

也有人认为,希特勒之死并不是自杀,而是他杀。希特勒执政后,疯狂发动对外战争,不断扩大战争规模,对内则实行法西斯独裁,个人专制,猜忌同僚,滥杀无辜,积怨甚深。在他当政期间,曾发生数次谋杀事件,但都没有把他杀死。在战争后

◆ 阿富汗苏军

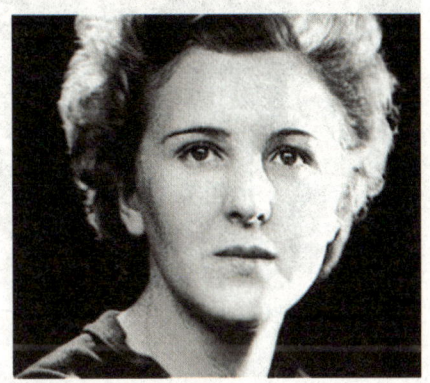

◆ 爱娃·勃劳恩

◆ 苏军烈士公园

期,一些军官为了早日结束战争,同英美媾和,可能趁苏军逼近之机杀死了希特勒。

对于希特勒的死亡,人们或云自杀,或云他杀,即使观点一致,但对于自杀方式却又发生分歧,甚至有人提出死亡的根本不是希特勒而是他的替身,这更给希特勒之死蒙上了一层迷雾。

居鲁士死因之谜

居鲁士是古代波斯阿黑门尼德王朝的创立者。他曾率领波斯人反抗米底贵族的统治,推翻米底王国,并征服了西亚和中亚广大地区,为世界上第一个地跨亚、非、欧三洲的大帝国——波斯帝国的建立奠定了基础。他在位29年(约公元前558—前529年),但最后究竟是怎样死去的,却始终是个历史之谜。

◆ 波斯国王居鲁士

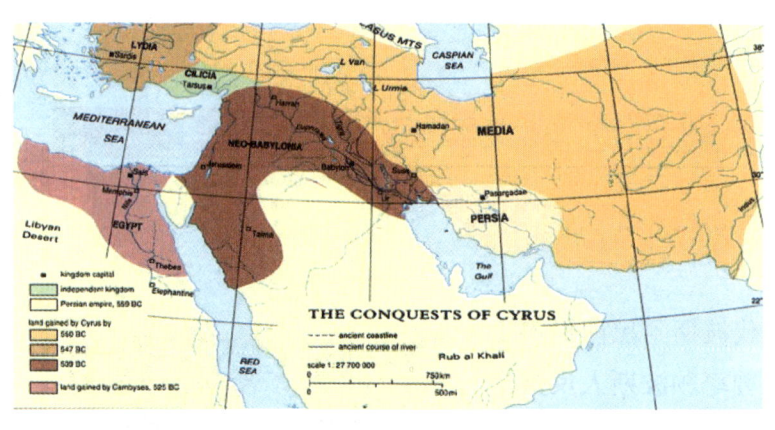

有人说居鲁士是战死在沙场,他们以古希腊历史家希罗多德的记载为根据。据古希腊历史家希罗多德的记载,居鲁士是在马萨革泰人的战斗中战死沙场,后被马萨革泰女王又把他首级浸在血中。

还有一种说法认为居鲁士是在同斯基芬人人的激战中"身负重伤,三日后死于营中"。

◆ 波斯城堡

另一种说法更是根本否认居鲁士是战死的。色诺芬在其所著《居鲁士的教育》中,就曾说居鲁士在首都自己的家里"和平地终其天年"。

居鲁士究竟是战死疆场,抑或是"和平地终其天年"?如果说是战死的,那么又是同谁作战时阵亡的?看来,这仍是历史的悬案。

◆波斯银币

◆居鲁士墓

提修斯的历史之谜

提修斯是在古希腊阿提卡文学作品中时常出现的人物。人们不会忘记他是怎样由于偶然的机会而得以诞生;16岁时又如何轻松地取得父亲给他留下的信物,历经重重险阻,铲除六害来到雅典。人们津津

◆ 古希腊文物

◆ 古希腊遗址

乐道他在雅典人面临克里特人的威逼时，是多么勇敢地挺身而出，自愿加入"贡品"的行列。最令人兴味盎然的是他在克里特的大智大勇。在克里特公主阿莉阿德涅的帮助下，他打进迷宫，杀死牛头人身的怪物，救出同胞，胜利返航。人们也慨叹他在兴奋之余或匆忙之中，竟然忘记了换上表示凯旋的白色船帆，而不幸使老父悲伤地坠海。关于提修斯的传说还有好多，喜欢希腊神话传说的人谁不晓得！

但抓住历史学家心的却是提修斯的政绩。据古史家记载，提修斯是迈锡尼时代人，继承父位为雅典王。在他统治期间，统一了阿提卡，以雅典为

◆ 古希腊油画

◆ 古希腊油画

◆ 古希腊壁画

国名，实行贵族政制。提修斯到底是神话中的英雄还是现实世界的政治家?这个问题，不但引起自古迄今众多历史家的兴趣，也受到马克思、恩格斯的注目。

提修斯到底是希腊神话中的人物还是政治家，现在还没有完美的答案。

◆ 古希腊雕塑

腓力二世被刺之谜

提起亚历山大,可谓是无人不知,无人不晓,他的英雄事迹人们津津乐道。而关于他的父亲腓力二世可就是知者寥寥了,而他的死亡(被刺)真相至今尚未揭秘,仍是一个谜团。

公元前336年,腓力二世远征波斯计划准备就绪。但就在这年夏天,在庆祝他女儿结婚的宴会上,腓力二世突然被刺身亡。关于腓

◆ 腓力二世

◆ 希腊风景

◆ 腓力二世

力二世被刺是何原因，史学上一直存在着不同意见，众说纷纭，莫衷一是。一种意见认为，刺杀腓力二世的是马其顿氏族贵族的密谋者，因为腓力的改革措施损害了他们的权益；另一种意见认为，刺杀腓力是其离异的妻子奥林匹娅斯的报复行为，因为他们的离婚使得其子亚历山大的王位继承权受到威胁。

<<<<< 360° 全景探秘

世界
历史之谜

近年来，考古学家在希腊北部发现了腓力二世的墓葬，但也未能找到涉及他被刺事件的任何材料。随着考古的进一步发掘以及史学研究的进一步深入，腓力二世被刺的真相，终有可能大白于天下。

◆ 希腊风景

肯尼迪被刺之谜

◆ 肯尼迪

1963年11月22日,美国历史上最年轻的总统约翰·肯尼迪,在得克萨斯州的达拉斯市被刺身亡,时年46岁。

凶手李·哈维·奥斯瓦德被保安人员当场抓获。三天后,奥斯瓦德被达拉斯市夜总会老板杰克·鲁比因愤怒而"失手"杀死,旋即鲁比又被人神秘地杀害。这使肯尼迪被刺一案蒙上了神秘的色彩。

肯尼迪遇刺后,副总统约翰逊继

◆ 达拉斯市

任,他命令以最高法院首席法官厄尔·华伦为首的委员会负责查明肯尼迪总统被刺的真相。在经过长期调查后,该委员会认为,总统确被奥斯瓦德所枪杀,属于个人行动,没有阴谋。但是许多议员和学者对此结论表示怀疑,指出肯尼迪和得克萨斯州长被击中的时间相隔不到2秒,这是用来福枪射击办不到的事情,因此,至少还有一名凶手。另外人们还认为该案是有阴谋的,甚至有人声称把奥斯瓦德当做凶手是桩假案,是栽赃陷害。因此,真正刺杀肯尼迪的是另有其人。

◆ 达拉斯市

人们普遍认为,肯尼迪被刺是一个阴谋。

有人认为,肯尼迪之死与美国黑社会的罪恶有关。肯尼迪政府曾一再驱逐黑社会的铁腕人物,所以有人认为,奥斯瓦德可能是一个为黑社会效命的枪手。

◆ 肯尼迪号航空母舰

肯尼迪被刺的内幕,至今还没有明确的解释。

迈克·洛克菲勒生死之谜

1961年11月17日,亿万富翁之子迈克·洛克菲勒,在前往新几内亚的原始部落考察的途中遇险失踪。他的父亲——当时的纽约州州长尼尔逊·洛克菲勒动员了大批军队赴原始森林,却始终没有找到迈克的影子。迈克是死是活,至今仍然是一个不解之谜。

迈克失踪后,他的父亲纽约州州长尼尔逊·洛克菲勒动用了多国部队和许多土著人搜索,但是依然没有找到他。

◆ 原始森林

参加寻找的搜寻总部公布了他们初步的分析结果。但是得出的总是两个字:死亡。

1972年11月,澳大利亚贸易商路易·哈根,曾乘私人小船到新几内亚海岸度假。当他在岸上钓鱼时,突然看见森林里走出一群土著人。路易站起身来,包括女人和小孩在内的土著人突然全都停下了脚步,一起注视着路易。就在此时,路易赫然发现,在将近30人的土著人群中,竟然有一位白人!"他真的是白人!金色的头发,架着一副眼镜,身子比那些土著人足足高出一头。土著人都全裸,只有他用布条围着腰下。他无言地注视着我。我清楚地记得他的脸。后来他们默默地离开了海岸,我紧紧地追上

◆ 原始森林

◆ 洛克菲勒中心

◆ 原始森林原始生物

去，但是好几个土著男人回过头来瞪着我，充满仇恨和威胁。因此，我不得不放弃……我之所以认为他是迈克·洛克菲勒，是后来我回到澳大利亚时，发现他的照片跟那张沉默的脸完全一样。"

迈克消失在密林中迄今已有几十年了，假如他还活着，也该年近花甲了。而洛克菲勒家族也一直未放弃找到迈克的希望。但迈克到底是生是死，人们依然没有确切的答案。看来，要解答迈克失踪之谜，只有等待未来某一天再出现奇迹。

杀害马丁·路德·金元凶之谜

马丁·路德·金（1929—1968年）是美国黑人牧师，非暴力主义者，著名的黑人民权运动的领导人。1968年4月4日，金在美国田纳西州首府孟菲斯的罗莱瑛汽车旅馆的阳台上遭到枪击，一小时后在医院逝世。

暗杀金的不是黑人，而是白人詹姆斯·雷。他是个有前科的人，曾因犯罪坐过牢。雷在向金开枪后，由于感到忧虑和恐惧，化名为伊利克·加

◆ 马丁·路德·金在演讲

◆ 田纳西州

◆ 孟菲斯遗址

尔特,先逃往美国的马里兰,而后逃往英国。同年6月8日,他在英国伦敦被美国安全部门的人员逮捕,4天之后,他被引渡回美国,从而结束了美国历史上最耸人听闻的追捕人犯事件。雷自1968年4月23日以伊利克·加尔特的名义被起诉,5月7日才第一次以真实姓名被起诉。雷被捕后,广泛传说他并不是单独行动的,而是与人合谋从事暗杀活

◆ 田纳西州

动的,但美国总检查长拉姆塞不断发表评论,毫不重视这些传说。1969年3月10日,詹姆斯·雷作为自供杀人犯,被判监禁99年。

美国联邦调查局也出面干涉了此事,但是他们有意避讳一些事情,致使现在詹姆斯·雷暗杀黑人领袖金是孤立的行动还是与其他人或机构共同谋划的,依然是个悬案——元凶雷一直未供认其动机。

◆ 马丁·路德·金

耶稣存在之谜

◆ 恩格斯

◆ 耶稣

基督教是一种跨国域的宗教，长期以来盛行不衰，在世界各国都拥有不少信徒。基督教所崇奉的救世主——耶稣，也成为千百年来人们传颂的人物。关于他，流传着许多动人的传说。

很多国家都将12月25日作为他的生日，称此日为圣诞节。然而，历史上是确有其人，还是子虚乌有，人们各执一端，争论不休。恩格斯也曾讲："连基督耶稣在历史上是否实有其人也成问题。"学者们争论的情况如何呢？

一些学者认为，历史上确实存在耶稣其人，但不是被神化了的耶稣。凡人耶稣出生于巴勒斯坦北部加利利地区的拿撒勒镇，是犹太人，他是犹太社会的群众首领。

另一些人则认为，历史上并无耶稣其人。他们认为，《圣经》中关于耶稣的传说纯属虚构。

历史上有无耶稣其人还将继续争论下去，如果要得出确切的结论，还需要史学家们的进一步努力。

◆ 圣经绘画艺术

◆ 欢度圣诞节

苏格拉底死因之谜

◆ 古希腊雕塑

苏格拉底是古希腊著名的思想家，被后人誉为希腊的耶稣、西方的孔子。然而关于这位先哲的死因却是扑朔迷离，让人如坠云里雾里。

公元前399年，苏格拉底在狱中接过当局赐予的致命毒酒，镇定自若地一饮而尽。这样一位杰出的先哲，怎么竟会被处死呢？

1979年4月8日，美国记者斯东发表谈话认为：雅典是欧洲思想自由和言论自由的诞生地，怎会

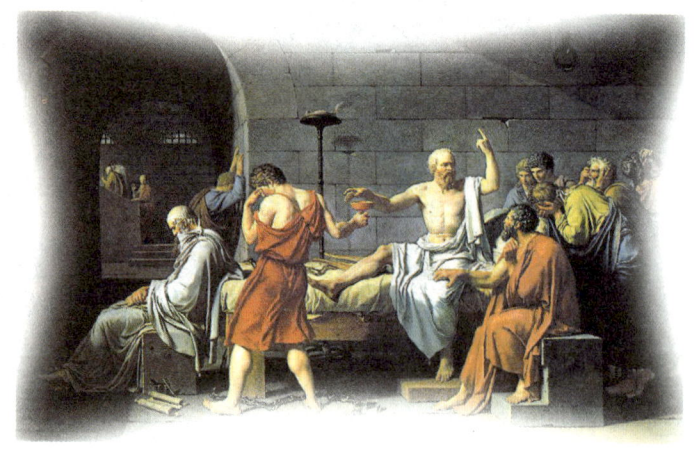

◆ 苏格拉底饮鸩就刑

把自己的哲学家处死呢?一定是被告犯了不可饶恕的大罪——反对民主、败坏青年。但色诺芬和柏拉图的史作表明:如果说苏格拉底反对民主政治,他也反对克利底亚的寡头暴政;如果说他的言论具有颠覆性,可他却劝人从善,注重培养美德。据此以观,败坏青年、仇视民众的罪名就不能成立。

苏格拉底究竟因何罪名而被处死,还有待史学家进一步探索。

◆ 古希腊雕塑

◆ 苏格拉底助产图

哥伦布的国籍之谜

◆ 哥伦布手指的方向是新大陆

◆ 远航

哥伦布是世界上著名的航海家,从1492年开始,哥伦布先后四次成功地航行到了美洲。他是世界公认的"新大陆"的发现者,然而对这样一个有世界影响的人物,人们却很难说得清楚他的生平及具体的出生地。

长期以来,人们普遍认为:哥伦布生于意大利城市热那亚,名字全称是克里斯托弗·哥伦布。但许多历史学家对此表示怀疑,有人为此还专门写了《克里斯托瓦尔·哥伦布之谜》一书。有一种新观点认为:哥伦布是西班牙马略尔卡岛人,而不是意大利人,名字是克里斯托瓦尔·哥伦布,而不是克里斯托弗·哥伦布。

委内瑞拉著名历史学家内克塔里奥·马利亚还说,引起

两个哥伦布混淆的原因,是因两人的名字及出生地的拼写造成的。他还研究了哥伦布远征前的一段"秘史"。他认为,第一个踏上美洲大陆的是另一个西班牙人,名叫阿隆索·桑切斯·德韦尔瓦。桑切斯大约在1481年踏上美洲,返航中曾在哥伦布家里逗留,并因病死在哥伦布家里,他在去世前把自己的航行资料交给了哥伦布。

20世纪50年代,苏联学者楚凯尔尼克认为,哥伦布的远航目的是明确的,由于得到了一些葡萄牙航海家的资料,所以航行前就心中有数,就是

◆ 西班牙建筑

◆ 西班牙建筑

要去发现新大陆。这与内克塔里奥·马利亚的有备而行的观点是相同的。

如今，内克塔里奥的观点还没有得到公认，认为哥伦布是加泰兰人，甚至是希腊人的仍有人在。哥伦布发现了新大陆，而他本人的国籍却成了一个谜。

◆ 西班牙风情

马可·波罗的中国行之谜

马可·波罗是与元代同时期的人,每个中国人对他都十分熟悉,他的《马可·波罗游记》脍炙人口,可是有人却怀疑他是否到过中国。

马可·波罗是否到过中国?对此,中外学者多数持肯定态度,尽管他们也承认书中有不实之词,但对马可·波罗曾到过中国一事,坚信不疑。马可·波罗从1275年旅居中

◆ 马可·波罗东行

◆ 元大都遗址公园

最不可思议的中外历史

◆ 马可·波罗游记

国，长达17年之久，足迹遍及我国北方、南方和西南西藏等地，并到东南亚的许多国家访问过。马可·波罗回国后，由他口述、比萨作家鲁思梯记录的《马可·波罗游记》成为西方第一部详细介绍中国情况的著作，被称为风行于世的世界奇书。从书中记载的元大都的情况，和历史上的元大都比较，可以发现，二者相吻合，可以作为马可·波罗曾到过中国的佐证。

我国学者杨志玫根据《永乐大典》一个奏折中所述史实同《马可·波罗游记》中记载符合，确认马可·波罗一行1291年离开中国，这一发现得到了中外学者的推崇和高度评价，被誉为判定马可·波罗到过中国的"极可靠的证据"。从上面的论述可以看到，认为马可·波罗曾到过中国的人占多数，但也有人表示怀疑，结论只有等待更多、更有力的史料的发现。

◆ 元大都遗址公园

庇隆遗体的双手失踪之谜

1974年7月1日，曾三度当选阿根廷总统的胡安·多明戈·庇隆病故了。他的遗体经防腐处理后，被安置在恰卡利达墓地的一座两层的拱顶地下墓穴的墓室中。墓室长4.5米，宽3米，须经过一条狭小的过道方可到达墓室门口，而进入墓室又须打开3道门，每道门上有6把锁，它们的钥匙保存在政府总秘书处。

虽然防护如此严密，但13年后却还是发生了令人震惊的盗墓事件。

◆ 胡安·多明戈·庇隆

◆ 阿根廷风光

◆ 庇隆夫妇是阿根廷人民心中永远的传奇偶像

作案者直入墓室后，取下了重170千克加锁的棺木防护罩，但没有打开棺材，而是在棺盖上开了一个洞。他们用电动刀具（据认为很可能是屠宰场用的电锯）割断了庇隆遗体的双手，并一同将随葬的一把军刀和一顶军帽窃走。

1987年7月，法庭开始审理庇隆墓被盗一案，直到1991年审理中断，此案因两名重要人物的神秘死亡而变得更加扑朔迷离。由于当局的推卸与玩忽职守，致使现在案件也没有完满终结。

◆ 阿根廷风光

哈克总统的罹难之谜

1988年8月17日下午4点半，一架C-130军用飞机在巴基斯坦东南部的巴哈瓦尔普尔机场徐徐起飞，几分钟后飞机突然在空中爆炸。人们只见一团火球翻滚而下，直栽到地面上，四周10千米内都散落有飞机碎片。当晚8时，巴基斯坦电台中断正常节目，宣布了一条惊人公告：总统齐亚·哈克因飞机失事遇难身亡。

◆ 哈克总统

最不可思议的中外历史

◆ 巴基斯坦建筑

1988年10月16日，巴基斯坦首次公布了哈克总统座机失事调查委员会的报告。报告说，座机失事是由人为破坏造成的，但何人所为至今不晓。

在推测可能的死因和凶手过程中，齐亚·哈克总统的儿子伊贾兹则另有一说。调查人员曾在飞机残骸中发现了一个黑皮包，内有总统的一些私人物品，包括一串念珠、治溃疡的药片、一套军装，还有齐亚·哈克最心爱的一本《古兰经》。伊贾兹坚信，这本书证明伊斯兰堡和华盛顿的官员掩盖了总统的死因。事件发生后，并没有对总统的尸体进行解剖、检验，当局说尸体已化为灰

烬。伊贾兹问道,如果真是这样,那为什么《古兰经》和其他的个人物品基本完好无损呢?伊贾兹对政府的淡漠,迟迟不开展第二阶段的调查大为光火,对华盛顿表现出的无兴趣深感怀疑。因为直到事发三周后,联邦调查局的探员才抵达巴基斯坦,开始追寻线索。后来,国会的一个委员会提出了质询,国务院才允许联邦调查局参与此事。伊贾兹还曾指责前苏联涉嫌与其父之死有关(不少官员赞同此说)。

到底真相如何,人们并不知道,还有待进一步的调查、分析。

◆ 巴基斯坦风光

诗人荷马之谜

◆ 诗人荷马

◆ 古希腊文化

荷马是一个还是一群游吟诗人——线索寥寥，说法却有许多。

对照于古希腊人来说，荷马是一个作者，他是位瞎眼的游吟诗人。亚里士多德同意希腊诗人品达的观点，即认为荷马出生在现在位于土耳其境内的海港土麦那，并且曾在爱琴海中的希俄斯岛受到人们多年的景仰。亚历山大学派的文人学者曾经仔细推敲过这两部史诗，希望发现其中的历史和地理讹误，但他们从未怀疑过荷马是《史诗》的唯一作者。

然而在18世纪初，哲学家贾姆巴蒂斯塔·维科提出了一种观点，认为荷马史诗是希腊民间诗人集体智慧的产物，各种奇谈怪论随之开始出现。

20世纪初，哈佛教授米尔曼·帕里提出了颇为令人信服的观点，认为荷马的生活年代接近于漫长的口头诗歌时期的末期。当时的诗人们利用了现成的形容词以及格律化的诗行和段落，从而能轻松地即兴创作六步格诗歌。帕里的说法解释了许多东西，包括史诗中用语的杂乱，但仍然没有能解释荷马史诗是如何写成的——即荷马本人是否参与了写作。要证实这一点可能还需要更长的时间。

法国历史上的"铁面人"是谁

关于法国历史上"铁面人"的传说，二百多年来一直没有中断。大仲马的著名历史小说《布拉热洛纳子爵》中讲述了铁面人的故事；英国影片《铁面人》的上映，又引起了我国观众极为浓厚的兴趣。

在《铁面人》影片中，菲力普刚出生就被送出王宫。后来当路易十四知道他还活着时，就派财政大臣富凯将他囚禁在圣马格丽特岛上。后来内政大臣科尔伯和达尔大尼央对路易十四荒淫无度的生活极为不满，便设

◆ 铁面人

◆ 铁面人宣传画

◆ 关押铁面人的牢房

计救出菲力普。经过化妆的菲力普在宫廷舞会上被错认为路易十四，而真正的路易十四却被戴上了铁面罩，囚禁终生。

世人也给出了种种猜测，但是都被一一推翻了。

戴面罩的囚犯究竟是谁呢？这确实是个令人费解的谜。据伏尔泰说，在最后一个知道这个奇怪秘密的大臣夏米亚尔临死前，其婿拉费德元帅曾跪在岳父面前恳求他告诉自己，那个仅以"铁面人"的名字为人所知的人究竟是谁。夏米亚尔回答说：这是国家机密，他曾经宣誓永远不泄露。在18世纪，路易十五和路易十六曾先后下令对铁面人进行了多次调查，其结果世人一无所知，是真的没有搞清楚，还是有意封锁呢？

◆ 法国巴士底监狱

达·芬奇与《蒙娜丽莎》之谜

500多年来，历史学家们一直为达·芬奇名画《蒙娜丽莎》的原型众说纷纭，争论不休。

尤其是画中人脸上神秘的微笑是人们猜测的不解之谜。最近，意大利佛罗伦萨市一位普通教师吉乌塞普·帕兰蒂又提出了新的说法，蒙娜丽莎是一位有5个孩子的"家庭主妇"。

帕兰蒂认为，《蒙娜丽莎》的画像完成于丽莎24岁那年。达·芬奇的父亲安排了一切，自己

◆ 达·芬奇

◆ 达·芬奇的画

◆ 达·芬奇密码

花钱让儿子为朋友的妻子画了这幅画。当时达·芬奇正被一场财务纠纷所困扰。他的父亲大概想通过这种方式来帮助自己的儿子。

在关于《蒙娜丽莎》原型的传说中，有人说画中人是当时佛罗伦萨城内的一个名妓，也有人说画中人是达·芬奇本人的女人版自画像。

◆ 佛罗伦萨市景

德国"国会纵火案"的元凶之谜

1933年1月30日，德国总统兴登堡任命希特勒为总理。1933年2月27日晚，法西斯二号头目戈林指使一群纳粹冲锋队员点火国会大厦。希特勒政府马上发表公告，反诬国会纵火是共产党干的，是共产党发动武装暴动的信号。接着以此为借口，在全国范围内肆无忌惮地迫害革命者，"国会纵火案"是希特勒及其党徒为在德国建立法西斯独裁体制而耍弄的卑劣伎俩。

◆ 德国建筑

当然，他们是肯定不会承认的，只能嫁祸于人，所以谁是国会纵火案元凶的问题还是没有定论。

德黑兰会议上"三巨头"有惊无险

◆ 丘吉尔

1943年,苏、美、英"三巨头"可能在伊朗首都聚会的情报,在1943年9月中旬被德国谍报部门侦知。希特勒决定刺杀"三巨头"。

1943年11月27日,美国总统罗斯福和英国首相丘吉尔在结束开罗会议后乘专机直达德黑兰,与先期到达的苏联部长会议主席斯大林会合。第二天,三国首脑即在苏联大使馆开始举行代号为"尤雷卡"的会议,主要讨论开辟欧洲第二战场

◆ 伊朗首都阅兵式

的问题。11月30日，正值丘吉尔69岁寿辰。为示庆祝，也为了纪念战争期间三位巨人的难得聚首，晚上丘吉尔在英国大使馆举行隆重的招待会，邀请罗斯福、斯大林等数十人参加。席间，正当人们觥筹交错、酒酣耳热之际，室内突然灯光大暗。漆黑之中只听见子弹尖利的呼啸声和杯盘碗碟破碎的乒乓声。不一会儿，贴身侍卫们打开手电筒，惊讶地发现：盟国领导人的一位私人秘书已中弹身亡，一位侍者也因被毒针刺进喉咙而死去，而三国首脑安然无恙。一场灾难虽然得以避免，但人们对刚刚发生的一切还是感到愕然，认为在这一显然已经流产的暗杀事件背后，一定有着更大的秘密。所以事件发生后，就有人试图解开这一谜团，但终因材料不足，只能做出种种的猜测而无法获得事实的真相。

◆ 三巨头

◆ 三巨头

◆ 三巨头

美国登月之谜

◆ 阿姆斯特朗登月

◆ 宇航员

20世纪人类最伟大的天文壮举莫过于1969年美国宇航员阿姆斯特朗驾驶"阿波罗十一号"宇航船登陆月球的事迹了。那么，阿姆斯特朗是第一个登上月球的人吗？如果有人听到这个问题，肯定会嘲笑提问题的人——谁都知道阿姆斯特朗是第一个登上月球的人。

然而，有人在一位名叫马田·赫之曼的瑞士百万富翁的书桌抽屉里，找到了一封1890年9月18日写给他的比利时合股人佐治·高比的信，这封信共7页。信上透露，早在1890年，就已经有两位美国人成功地登上了月球，比阿姆斯特朗早了足足79年。

据信中所说，那两名登月的宇航员叫安德逊和沙特斯基，是由一支20吨重英国制造的单台式火箭把他们送上月球的，时间是1890年9月1日。4天以后，他们平安返回地球，太空船就失落在大西洋某处。这位瑞士商人在信中写道，"我们两位勇敢的宇航员说他们在月球上见到的，只是一片荒凉黯淡和尘土飞扬的平原，那里既没有空气也没有水。"信中还说，"在那里，地心吸力那么小，他们两人都要穿上加了铅块的靴子，以免'飞上天去'。虽然那里什么也没有，但从它上面望向地球和外太空，那种景象实在令人赞叹，难怪那两位太空人要叫它做'上帝的太空'了。"

赫之曼在信中高度赞扬了那两位19世纪的太空英雄，说他们"都是志愿参加这次登月壮举的，而凭着他们的勇气、审慎和学识，成功地为人类历史写下了新的一页。"

虽然信中也提到过两位宇航员返回地球的情况，但却没有提到他们后来的去向，而他们的真正身份，至今仍是个谜。

◆ 瑞士风情

美国9·11事件几大未解之谜

2002年9月11日，美国人民迎来了"9·11"一周年纪念日，美国人民陷入了悲痛之中。然而，令全世界人民不解的是，美国9·11事件存在着几大谜团。

谜题一：美国总统布什何时获悉"9·11"事件以及他对整个事件都了解了哪些内情？有消息称，布什早在2001年8月6日度假期间就收到了赖斯的一份"分析报告"，报告警告说美国可能很快会受到恐怖分子的攻击。那么，这份警告报告的恐怖警告细节是什么？当时布什是否应该立即终止假期，直接返回华盛顿研究相关问题呢？

谜题二：美国国家安全局情报系统是否收到了"9·11"事件可能发生的警告？美国国家安全局曾承认，该机构在"9·11"事件发生前一天从恐怖分子手中"截获了"两份信息，这些信息暗示9月11日将是恐怖分子采取重大攻击行动的日子。不幸的是，这两份信息直到9月12日才受到重视，但为时已晚。

谜题三：美国的空军战机为什么当时没能击落被恐怖分子劫持、用来撞击世贸大楼的飞机？据悉，空中交通控制人员在4架被劫持的客机起飞之后几分钟就与这些飞机失去了联络，但美国空军却未能阻止恐怖分子驾机撞毁世贸大楼。难道空中交通控制人员花了那么长的时间才将相关情况通知给军方部门，以至于美国空军无法对恐怖分子的行动采取相应的措施？

谜题四：为何世贸中心大楼通往最顶层阳台的大门是锁着的？在1993年的世贸大楼爆炸中，数百名工作人员是通过顶层大门死里逃生的。而2001年9月11日，当数百名工作人员逃到顶层楼梯口时，却发现通往阳台的大门被人锁上了。

谜题五：布什政府为什么不愿意对"9·11"事件展开真正

◆ 布什

◆ 十年前的惊魂场面

最不可思议的中外历史
ZUIBUKESIYIDEZHONGWAILISHI

◆ 美国9·11事件遗孀在蒙蒙细雨中

◆ 浓烟滚滚的世贸大楼

意义上的调查？美国参众两院下属的情报委员会官员目前正在考虑颁布一项法案组建有限的独立调查小组，但布什却公开反对这么做，他到底想隐藏什么？

2001年的9月11日虽然已离我们远去，但是每个人都希望这些谜团尽快解开，以慰藉在这次恐怖事件中遇难的人民。

谋杀威廉二世之谜

公元1100年8月的一个下午，时近黄昏，英王威廉二世骑着马在新林猎鹿。由于这位国王脸色红润，一般人称他为"红面庞威廉"。当时新林划为皇室狩猎禁苑，占据了英国南部一大片土地。同行的人有威廉的弟弟亨利和一些随从。一行人分成几个小组后，国王和他的亲信顾问蒂雷尔并骑出猎。其后发生的事情直到现在还是一个谜，是惹人揣测的悬疑事件。一般人知道的事情大致如下：

◆ 威廉二世

360°全景探秘
最不可思议的中外历史

一只赤鹿从国王附近跑过,他立刻射了一箭,射中目标,但是赤鹿没有死。有好一会儿威廉不动声色地坐在马鞍上,用手摭挡着夕阳的斜照光线,想看清楚那只赤鹿怎样逃避。

◆ 赤鹿

就在这时候蒂雷尔射了一箭,没有射到鹿,却射中国王,国王向前面倒下去,摔到地上的时候那支箭更深地插在他的胸膛,国王当时便死了。蒂雷尔赶忙奔出树林逃往法国,亨利则和其余的人策马飞奔,赶到附近收藏皇室财宝的曼彻斯特,他抢到财宝并确实予以掌握后,立刻赶回伦敦,在威廉死后三天就加冕登基为亨利一世。众人离开猎鹿的树林时,没有人关心威廉二世仍然暴尸荒野。

◆ 威廉二世时的建筑

他们的这种对待威廉二世的态度，引起了人们对亨利弑兄篡位的怀疑。而亨利也从来没有要治蒂雷尔罪的意思，也没没收他的财产，就更加重了人们的怀疑。但是现在也没有明确的解释。

最·不·可·思·议·的·中·外·历·史

二、中国历史之谜

神秘的释龙之谜

◆ 龙纹

◆ 传说龙是可以骑的

每个中国人都不可否认自己是龙的传人,龙是中华民族的图腾,中国文化也可称为龙的文化。这种神秘而令人向往的图腾,在中国历史舞台上活跃了数千年。可是龙为何物呢?

《赐经》曾提到潜龙、见(现)龙、飞龙、亢龙,又说龙在野外争斗;《左传》说龙是一种水物;《韩非子》则说龙是虫,当它温柔欢狎时,人们可以骑它,但一旦触动它喉下的逆鳞,它就会杀人。先秦典籍中有关龙的记载已成歧说,而秦汉之际的典籍,更为龙涂上了一层神秘的色彩。《史记》说秦始皇称为祖龙,又说汉高祖是其母与故龙交感而生,因而他"隆准龙

颜"。已出土的秦代龙纹空心砖长达1米,龙样为蟒身、兽头,有4肢,每肢3爪,身饰圆珠纹和蕉叶纹,头上长角,龙已被神化。《论衡》直言不讳地说,龙是皇帝的象征。《说苑》《说文解字》则进一步神化龙:"飞鳞之长,能幽能明,能细能巨,能短能长,春分而登天,秋分而潜渊。"这样,龙就被神化为灵物,千余年来为大多数臣民所顶礼膜拜。

◆ 龙纹

20世纪以来,不少学者试图对龙作出科学的解释,说法竟多达十余种。闻一多《伏羲考》认为,以大蛇为图腾的族团兼并、吸收了许多别的形形色色的图腾族团,大蛇也就接受了兽类的四脚、马的头、鹿的角、狗的爪、鱼的鳞和须等,这才成为我们所知道的龙。甚至还有人认为,龙是长颈鹿、蜗牛、蚕、生殖器、穿山甲、鸡、蝌蚪、泥鳅、羊、黄鳝等。

龙究竟为何物?人们仍然没有得到明确的解释,其形象仍旧笼罩着神秘的迷雾。

姜太公家乡之谜

姜太公，名尚，又叫太公望、齐太公、吕尚、吕牙、子牙等，是西周著名的政治家、军事家。西周的强大与兴盛是和太公的辅佐分不开的。但是，关于姜尚的身世、遭遇、武功，先秦许多古籍虽记载很多，但多是扑朔迷离，使人难辨是非。比如，他究竟是哪里人？这个问题至今还没弄清楚。

◆ 姜太公祠

一种观点认为，太公是汲县人。魏国史书《汲冢书》载有太公为"魏之汲邑人"的说法。战国时，汲县属魏国汲邑。《汲冢书》在地下埋藏了五六百年，于西晋太康二年（公元281年）出土，其著书年代比《史记》早近200年。另外，据《水经注》载：在汲城东门北侧有太公庙，庙前有碑。这也是太公为汲县人的佐证。后世学者赞同此说的很多。

一些著名学者却不同意这种说法，认为把汲县当成太公的故乡，不免牵强附会。这些学者认为，太公的故乡在东吕乡。《博物志·注》载："海曲县有东吕乡东吕里，太公望所出也。"吕，即莒，今为山东莒州之地。然而这种说法在史籍上却找不到有力的证据。

有的学者反驳了东吕乡说，认为东吕乡很可能是太公避难的地方。《孟子·尽心》说："伯夷避纣居北海之滨……太公避纣居东海之滨"，说明东海之地是太公避纣的"游寓"。

太公的故乡是不是汲县，还有待于进一步考证和研究。

◆ 姜太公像

◆ 姜太公衣冠冢

韩信死因之谜

◆ 拜将台

◆ 韩信的钓鱼台

提起韩信，可谓是无人不知，无人不晓。有许多成语和俗语都与韩信有关，如"胯下之辱"、"萧何月下追韩信"等。但这位杰出的军事家的死，却让人如坠云里雾里，不识真相。

有的学者指出，韩信之死，是由汉初统治者的预定国策所决定的。刘邦在特定的历史条件下封七名功臣为王，史称"异姓诸王"。他们据有关东的广大区域，拥兵自重，专制一方，是统一的隐患，是中央集权的严重障碍。为了帝位永固和刘氏天下的安全，刘邦必须为子孙后代扫清道路，那些功臣必然成为"刘家天下"的牺牲品。汉高祖"非刘氏而王，天下共击之"的既定国策，应是韩信之死的根本原因。

韩信缘何而死？学者们至今各执一词，难分高下，并将太史司

马迁也牵入了争论。反对韩信谋反说的学者认为,所谓韩信谋反是因司马迁撰史时故意留下的疑点造成的。司马迁明知韩信蒙冤而亡,但在专横跋扈的汉武帝时代,不敢直书其事,便留下有破绽的记载,让后人评说。坚持韩信谋反说的学者则认为,怀疑司马迁的记载没有根据,因司马迁看出韩信怀有追求功名利禄的欲望,故记下他"能忍夺军徙王,而不能忍夺王贬爵"的结局,还在论述中补充了韩信在贫困时犹于高敞葬母,令其旁可置万家的故事,以见其志与众异,表明韩信谋反是其个性与志向使然。韩信生为人杰,死于非命,其死因之究竟仍有探讨余地。

◆ 韩信钓鱼台

禹划分九州之谜

我们的祖国——中国地大物博，源远流长，自古就有华夏、神州、赤县、九州等别称。那么，你知道"九州"之称的来源吗？相传，九州来源于大禹治水的传说，是大禹把中华大地划分成冀州、青州、豫州、扬州、徐州、梁州、雍州、兖州、荆州九州。然而，一些古文献所记载九州的名称并不一致。上述九州典出《尚书·禹贡》，而《周礼·职方》所记的九州，有幽州、并州，而无徐州、梁州；《尔雅·释地》有幽

州、营州，而无青州、梁州；《吕氏春秋·有始览》有幽州而无梁州。古文献存在不同的记载，因此就出现了"三代九州"的概念，即《尚书·禹贡》所记为夏九州，《周礼》所记为周九州，《尔雅》所记为殷九州。由于九州名称不一致，于是就产生了大禹究竟有没有划定九州的疑问。

肯定禹划分九州的主要记载有《尚书》《左传》《诗经》《山海经》《淮南子》《史记》及传世《齐侯钟》《秦公簋》等青铜器铭文。《禹贡》说禹"莫高山大川"，并详细叙述了九州的地理位置、地形地貌、物产贡赋等。《吕刑》："禹平水土，主名山川。"《左传·襄公四年》："芒芒禹迹，划为九州，经启九道。"《诗·商颂·长发》："洪水芒芒，禹敷下土方。"《山海经·海内经》："帝乃命禹卒布土以定九州。"《齐侯钟》铭曰：成汤受天命，"威有九州，处处之堵"。《秦公簋》铭曰：秦祖先受天命，"鼎宅禹赍，十又二公在帝之环"。可见，禹划分九州的证据确凿。

◆ 大禹神话园

◆ 大禹

"华夏"名称之谜

◆ 华夏神龙母龙

◆ 华夏特写

"华夏"这个名称，我们每个中国人都不陌生，它是我们中华民族的称号。但是，"华夏"这个名称是怎么来的？为什么要称中国人为"华夏民族"和"华夏子孙"？对这些问题有着种种不同的解释。

华夏族是汉族的前身，自汉代以后，有"汉人"、"唐人"之称，先秦时代则称"夏"或"华"。对于"华夏"二字的解释，《左传》《孟子》中则将"华"、"夏"与"夷"相对应，如《左传》中有"裔不谋夏，夷不乱华"之语；《孟子》中有"用夷变夏"之说；东汉许慎在其《说文解字》中释为：华，荣也；夏，中国之人也。"中国"，原指中原，与"四方"或"四夷"相对。《诗经·小雅·六月序》中"四夷交侵，中国微矣"之句，也都反映出把"中

国"作为四方的相对概念。与"夏"相对的"裔"也指边远的四方。

章太炎先生认为,我国古代以"夏"为族名,以"华"为国名。"夏"从夏水而得名,"华"从华山而产生。即通常所说的"华夏族定居在华山之周,夏水之旁,故而得名"。而在甲骨卜辞中,"华"是仅次于"河"(黄河)的最重要的神,指陕西关中地区的华岳。这一带曾经是周人营洛邑之前的中心地区,自旧石器时代的蓝田人开始,一直到新石器时代的仰韶文化、龙山文化,它的周围都是文化遗存最集中的地方,传说中的黄帝和周族都在这一带活动,所以华山成为早期华夏文化的象征。

由此也可以看出,"华夏"原先并不是种姓民族的概念,而是地域文化的概念。

◆ 华夏艺术建筑

三皇五帝之谜

◆ 伏羲女娲图

◆ 三皇五帝

每个中国人大概都听说过"自从盘古开天地，三皇五帝到如今"这句话，然而三皇五帝究竟是谁呢，大多数人可能不得而知，就是一些史学家也不能确切地回答这个问题。

三皇总名最早见于《吕氏春秋》。三皇的分名最早见于《史记·始皇本纪》中的李斯奏议。李斯说："古有天皇，有地皇，有泰皇，泰皇最贵。"而《春秋纬·命历序》则以为三皇是天皇、地皇和人皇，用人皇夺泰皇之位。到了宋代，罗苹注《路史》引孔衍《春秋后语》指出，泰皇即人皇。这样矛盾就暂时解决了。可是五帝和三皇的矛盾却很突出，仅汉代学者关于三皇就至少有四种不同说法。第一种说法认为三皇为伏羲、女娲和神农；第二种说法认为是伏羲、神农和燧人；第三种说法认为是伏羲、

神农和祝融;第四种说法则认为是伏羲、神农和共工。这四种说法把伏羲、神农列为共有,看来是可以认定的,而把女娲、燧人、祝融、共工列入三皇之一也是有道理的。

由此可见,三皇到底是哪三个人,谁也说不清。

下面再说一说五帝。"五帝说"形成于周秦之际,起源于五方帝、五色帝之祠,甲骨文中的"方帝""帝方"指的就是五方帝之祀。但五帝的组合,自古以来也有着不同的说法。

一种意见认为五帝即太白皋、炎帝、黄帝、少白皋和颛顼;另一种意见则认为是黄帝、颛顼、帝喾和尧、舜。东汉的郑玄还提出"五帝为六人"之说。但哪种说法最有根据呢?

三皇五帝究竟是谁,还需要史学家收集更多的资料。

◆ 古代先贤

"扶桑"之谜

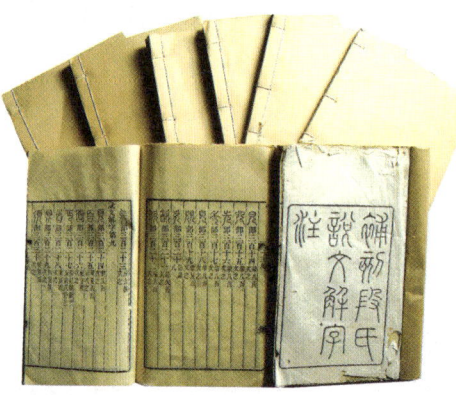
◆ 说文解字

中国是最早使用文字的国家之一。在浩如烟海的古代文献中,"扶桑"之名随处可见。"扶桑"之名最早见于《楚辞·离骚》:"饮余马于咸池兮,总余辔乎'扶桑'。"然而,"扶桑"究竟该作何解释?至今悬而未决。

汉代王逸为《楚辞》作注释,曰:"'扶桑',日所扶木也。"《说文解字》云:"'扶

桑'神木，日所出。"看来，他们承袭一些古老的传说，把"扶桑"当做神话中与太阳所出地有关的树名，是一棵日出其间的东方大树。这样，便构成一幅美妙的图画——"扶桑"树上悬着数羽或数只太阳鸟。此后，"日出扶桑"又被引伸为"东方扶桑"，不与太阳联系在一起，只看做是东方的一棵神树。但由于"扶桑"与太阳联系在一起，经过后人一再引申，就使"扶桑"成了一个难以捉摸的名词而众说纷纭。

◆ 离骚

◆ 扶桑花

《战国策》作者之谜

◆ 韩信

　　《战国策》是我国古代记载战国时期政治斗争的一部最完整的著作。它实际上是当时纵横家游说之辞的汇编，而当时七国的风云变幻，合纵连横，战争绵延，政权更迭，都与谋士献策、智士论辩有关，因而具有重要的史料价值。然而，认定该书的作者却说法各异。

　　《隋书·经籍志》称"刘向录"；《引日唐书·经籍志》称"刘向撰"；《新唐书·艺文志》称"刘向撰《战国策》"；《四库全书总目提要》称"刘向裒合诸记，并为一篇"；顾广圻则谓"《战国策》实刘向一家之学"。这些古籍都把《战国策》的编纂或著作权归于西汉的刘向。

但是，刘向本人却并不承认。

《战国策》的作者这一疑点存在了两千年。近代学者罗根泽的《战国策作于蒯通考》出版后，才对《战国策》的作者提出了新的假设。蒯通系秦汉之际的纵横家，曾劝说范阳令归降陈胜起义军，又建议韩信攻取齐地，劝韩信背叛刘邦而自立，汉惠帝时为丞相曹参宾客，著有《隽永》八十一篇。

20世纪70年代初，长沙马王堆汉墓出土了帛书《战国纵横家书》。里面的内容大同小异，由此，对于《战国策》成书于蒯通的说法，又增加了一层迷雾。

《战国策》在我国文学史上有着不可替代的作用，但它的作者之谜虽经多方破解，仍不能给人们一个确定的答案，有待于后人的进一步努力。

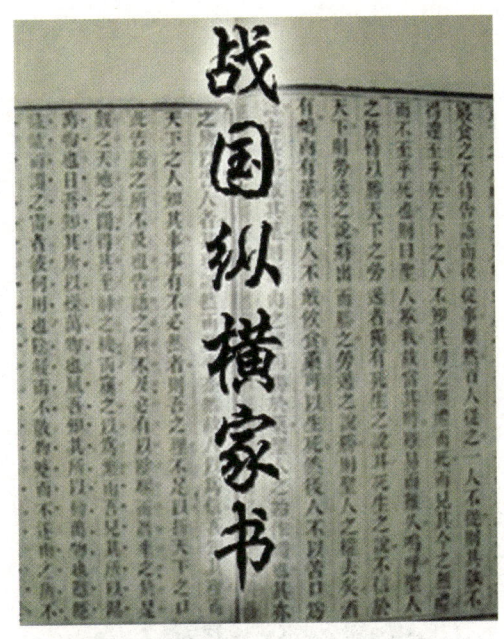

◆ 战国纵横家书

车裂与"五马分尸"之谜

◆ 商鞅

地图

车裂又称辕刑、辗裂。这是古代一种残酷的死刑,民间俗称"五马分尸"。人们认为,此刑的执行方法,是将受刑人的头与四肢分别加系于五车之上,然后以五马驾车,同时分驰,将肢体撕裂。战国中期的政治家商鞅,曾助秦孝公两次变法,奠定了秦国兵强国富的基础,却激起了旧贵族势力的愤恨。孝公死后,太子秦惠王上台,曾被商鞅割去鼻子的公子虔(太子的老师)诬陷商鞅谋反,秦惠王以车裂之刑杀之。东汉末年黄巾起义组织者之一马元义、隋朝礼部尚书杨玄感等,都死于此刑。

车裂是中国封建社会

◆ 酷刑腰斩

时期的一种酷刑，但它是不是我们通常所说的"五马分尸"呢？这却是一个谜团。

历代《刑法志》与有关的史籍，都有关于车裂的记载，但未见"五马分尸"之刑，车裂究竟是不是"五马分尸"，引起了史学界的注意。

近年常有人断然否定两者之间的联系，认为车裂并非五马分尸。

那么，"五马分尸"之说从何而来呢？有人指出，自汉景帝改革刑法后，景帝以前一些死刑的真相慢慢被人淡忘了，并最终失传。

总之，不可断言中国未曾有过"五马分尸"之刑，但可相信车裂不是"五马分尸"。

秦始皇的生父之谜

秦始皇是中国历史上的第一位皇帝,他统一六国,建立秦朝。可以说,他是我国历史上的一个名人,但是关于他的生身父亲是谁,人们却众说纷纭,使其笼罩在一片迷雾中。

秦昭王四十八年(公元前259年),嬴政生于赵国。从秦国国君的世系看,他的父亲是当时为人质于赵国的秦公子子楚(即异人,后立为庄襄王)。《史记·秦本纪》

◆ 秦始皇

说："庄襄王卒,子政立,是为秦始皇帝。"可是,《史记·吕不韦列传》却记载了一个嬴政实为吕不韦之子的传奇式故事——说吕不韦先与能歌善舞的赵姬同居,知赵姬有身孕后,让赵姬去勾引子楚。不久子楚爱上赵姬,吕不韦便把赵姬献给子楚。赵姬足月后生下嬴政,子楚遂立赵姬为夫人。子楚回国继承了王位,死后把王位传给子政。此说为班固所接受,于是《汉书》径称嬴政为吕政。

◆ 秦始皇兵马俑

明代王世贞《读书后记》怀疑《吕不韦列传》的这段记载不真实。他提出了两条理由:一是吕不韦为使自己永葆富贵,故意编造自己是秦始皇的父亲的故事;二是吕不韦的门客骂秦始皇是私生子以泄愤,而编造此说。郭沫若在《十批判书》中也怀疑吕不韦为秦王政生父之事,他指出三个疑点:第一,仅见《史记》而为《国策》所不载,没有其他的旁证;第二,和春申君与女丫环的故事如同一个刻板印出的文章,情节大类小说;第三,《吕不韦列传》又有"子楚夫人赵豪家女"之说,显然与上述故事自相矛盾。

人们对于秦始皇的生父问题,恐怕还会争论下去。

李唐皇室血统之谜

◆ 李世民

唐帝国是中国古代一个空前强盛的朝代。然而，唐代李氏皇族的先世，究竟是汉族还是胡族，历来说法不一，莫衷一是。

现代唐文学者胡如雷在《李世民传》一书中，则提出另一种观点，认为民族是一个历史社会范畴，而不是一个种族生理范畴，既然李氏家族在长期的民族同化过程中已经汉

◆ 唐太宗

化了，即使他们在唐代还保留某些胡族的习俗和遗风，也只能视之为纯粹的汉人。就血统而言，子女的体貌特征可以继承自父母双方，且有隔代遗传，既然李氏素与胡姓通婚，"状貌类胡"也可来自母系方面，所以不能因此断定李氏祖先必系胡族。同时，母系胡姓窦氏、长孙氏等家族本身也早已汉化，到隋唐时更没有理由把她们看做少数民族了。至于乱伦之事，在唐朝皇族中毕竟只是少数特殊事例，大唐近三百年中仍以遵循正常的人伦为主，何况这种事更多的是来源于剥削阶级的腐朽本性，未必完全出于民族习惯。总之，从南北朝到隋朝，正是一个胡汉各族同化的历史阶段，很多历史人物的血统是复杂的，很不单纯。即使李氏血统中的确有胡族因素，也并不影响李唐王朝以汉族统治者的身份统治国家。

唐玄宗迷恋杨玉环之谜

唐朝是我国封建王朝中存在时间较长、发生诸多历史事件、存在诸多著名历史人物和遗留诸多历史疑点的朝代。其中最引人注目的历史之谜可以说是唐玄宗为何迷恋杨玉环了。

杨玉环是蒲州永乐（今山西芮城）人，她是隋梁郡汪氏的四世孙，父亲杨玄琰。长大以后，她被玄宗的儿子寿王李瑁聘为王妃。如果玄宗不贪色忘礼，抢自己的儿媳妇，横刀夺爱，杨玉环也许会一生平静，过一种悠闲的相夫教子的贵夫人生活，她也就不会为世人所知。然而，玄宗忘情夺爱，改变了她的生活。

有观点认为，玄宗熟悉音律，在唐朝诸位皇帝中算是佼佼者。而杨玉环身材好，体态美，又擅长旋律快速的西域舞蹈，并且杨玉环又是个琵琶名手。古书记载：有一次，玄宗倡议用内地的乐器配合西域传来的5种乐器开一场演奏会，当时玄宗兴致勃勃，手持羯鼓，杨玉环弹奏琵琶，轻歌曼舞，昼夜不息。对玄宗而言，精于音律的杨玉环就显得格外有魅力。

杨玉环姿容出众，不仅体态丰腴、肌肤细腻，而且面似桃花，这对于重于声色的玄宗，也是具有吸引力的。然而，最能使玄宗如痴如狂地迷恋杨玉环的，应是她有过人的聪颖，善于掌握男人的心理，又善解人意。例如她被赐死时也毫无怨言，这又怎能不使玄宗皇帝日后"此恨绵绵无绝期"，直至抑郁而死呢！

◆ 杨玉环

李白死因之谜

◆ 李白

唐代诗人李白是我国古代著名的诗人，为世人留下了许多脍炙人口的诗篇，有"诗仙"的美誉。他于宝应元年（公元762年）去逝，卒于今安徽当涂，享年62岁。然而，李白究竟是怎么死的呢？

李白一生嗜酒成性是出名的，因有"醉仙"之称。读李白诗作，就能闻到一股浓浓的酒味。他的《将进酒》有"烹羊宰牛且为乐，会须一饮三百杯"。《叙赠江阳宰陆调》有"大笑同一醉，取乐平生年"。《赠刘都史》有"高谈满四座，一日倾千觞"。《训岑勋见寻就元丹邱对酒

◆ 李白草堂

相待以诗见招》有"开颜酌美酒，乐极忽成醉"。《月下独酌四》之三有"醉后失天地，兀然就孤枕，不知有吾身，此乐最为甚"。这样，有的人自然将李白的死因与醉酒致命联系起来。晚唐诗人皮日休曾作《李翰林诗》云："竟遭腐胁疾，醉魄归八极。"也即指出，李白是因醉酒致疾致命的，就连升天的灵魂都带着醉意。

学者郭沫若由"腐胁疾"得到启发，从医学角度进行研究推测，认为李白61岁曾游金陵，往来于宣城、历阳二郡间。李光弼东镇临淮，李白决计从军，可惜行至金陵发病，半途而归。此为"腐胁疾"之初期，当是脓胸症。一年后，李白在当涂养病，脓胸症慢性化，向胸壁穿孔，由"腐胁疾"致命，最终死于当涂。

不可否认，李白的死因是与醉酒有关的。

秦始皇"坑儒"之谜

◆ 秦始皇

◆ 坑儒谷

秦王政26年庚辰（公元前221年），秦王嬴政统一六国，称为始皇帝。他确立了至高无上的皇权。他认为自己德高三皇，功过五帝，为显示自己的独到之处，便下令更改名号，把古代传说中的神和人最尊贵的三皇五帝的称号合而为一，号称"皇帝"。从此，"皇帝"便成为封建国家的最高统治者的称号。

"坑儒"的直接起因是方士侯生、卢生等讽议始皇，继而逃走所致。秦始皇称帝后，为求长生不老，迷恋仙道，不惜重金，先后派徐福、韩众、侯生、卢生等人寻求仙药。由于多方求仙药未果，引起秦始皇的不满。他的脾气也变得越来越乖戾、暴躁，喜怒无常。有一次，始皇临幸梁山宫，从山上看到丞相李斯车骑甚众，很不高兴。他身边的人将

这一信息透露给李斯,后来,李斯就减少了车骑。秦始皇得知后大怒,认为身边的人竟敢泄露他的言行,便严加查问,但身边没有一个人承认。秦始皇一怒之下,把这些人全杀了以泄愤。

侯生与卢生因找不到仙药,怕牵累自身,就偷偷地逃走了,并说了一些秦始皇的坏话。这件事激怒了秦始皇,他暴跳如雷,于是下令,对在咸阳的所有儒生进行审问,欲查出造谣惑众之人。儒生们为保全自己,只得互相告发,秦始皇最后圈定了四百六十余人,就在咸阳挖坑活埋。长子扶苏进谏道:"天下刚刚安定,远方的黎民百姓尚未完全归附,众儒生都学习孔子的学说,如今一概重刑处理,恐怕会引起天下的不安,希望皇上慎重考虑这件事。"然而,此时的秦始皇,根本听不进别人的意见,他一怒之下,竟把扶苏赶出京城咸阳,北去上郡监视蒙恬,驻守边疆。

司马迁受腐刑之谜

司马迁,字子长,西汉左冯翊夏阳(今陕西韩城)人。我国古代著名的史学家、文学家和思想家。然而这位才华出众的人却被皇帝处以腐刑,其原因何在?这就是司马迁受腐刑之谜。

一般认为,当时汉武帝派贰师将军李广利率三万骑兵出酒泉抗击匈奴,同时又派李陵率五千步兵,接应李广利。当李陵率兵深入匈奴后,却遇上匈奴的主力,尽管李陵带领将士奋力抗战,终因寡不敌众,被俘而降。消息传到长安,汉武帝十分恼火,满朝文武官员趋炎

附势，附和汉武帝指责李陵的罪过。但是，司马迁却站出来替李陵辩解，这就冒犯了汉武帝的龙颜，由此被投入监狱，受了腐刑。

有的学者认为，司马迁受腐刑的原因，不只是"诅贰师"、"诬上"或其他，还有汉武帝难以说出口的原因，这就是司马迁所写的《史记》。司马迁的《史记》，有许多进步的方面，如肯定秦王朝的历史功绩，同情在汉王朝残暴统治下爆发的农民起义，不为汉朝统治者歌功颂德。而且，司马迁撰写《史记》，具有"不虚美，不隐恶"、坚持真理、秉笔直书的精神，敢于揭露当时君主将相的种种隐私等，这些都是汉武帝以及他所宠信的将相所不能容忍的。卫宏《汉书旧仪注》也说："司马迁作《景帝本纪》，极言其短及武帝过，武帝怒而削去之。后坐举李陵，陵降匈奴，故下迁蚕室。"（见裴骃《史记·太史公自序集解》）因此，李陵事件，只是汉武帝对司马迁进行迫害的一个借口而已。

史学家们虽然对司马迁受腐刑的原因议论纷纷，但谁的说法更确切，仍然没有定论，其受腐刑的原因依旧是一个谜。

郑和下西洋之谜

在中国航海史上，有一个举足轻重的人物，那就是明代的郑和。

据相关资料记载，郑和宝船最大的长44丈，宽18丈，树立9根大桅杆，由位于南京龙湾的龙江船厂制造。排水量约为14 000吨，载重量在7 000吨以上，论形制之巨大，制作之精良，在世界上首屈一指，有关研究人员已成功复制了郑和宝船。载于茅元仪《武备志》中的《郑和航海图》，绘制地图20余幅，是中国首部航海图。郑和下西洋证明了在15世纪，中国具有世界领先的航海科技和

船只制造技术，比欧洲地理大发现早1个世纪，基本与世界新航路的开辟处于同一时期。但是，中国很快失去了下西洋的动力，以后再无大规模的海上征伐与贸易。

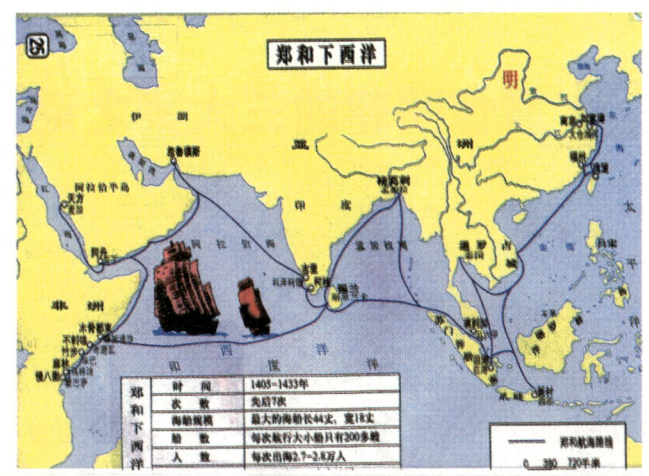
◆ 郑和下西洋

我们至今不知道郑和下西洋的确切原因。有人认为是为了寻找下落不明的建文帝，有人认为是为了搜寻明朝建国前割据东南一方的张士诚或方国珍的余部，也有人认为是为了促进海上贸易，建立海上大联盟。不管原因如何，中国自动开始了航海的黄金时代，也自动结束了一段灿烂的海上航行史。

◆ 模型船

震惊明朝的三大案之谜

梃击案

◆ 后宫妃子

万历四十三年（1615年）5月，一男子手持木棒，突然出现在太子朱常洛居住的慈庆宫门前。他将守门太监一棒打倒，冲进门内，直闯太子寝殿，太监们慌忙将他捉住。神宗吩咐，将嫌犯送交皇城保卫部门审问，巡视皇城的御史刘廷元审

问后向神宗报告。原来嫌犯名叫张差，家住蓟州井儿峪，行为癫狂，但相貌言谈颇为狡猾，应该严加惩治讯问。后来案件涉及郑贵妃，但因她是神宗宠爱的妃子，不宜再问下去。

后来，太子朱常洛出来对百官说道："张差是疯癫之人，赶快把他处决算了。我父子何等亲爱！外面议论纷纷，都是不应该的！再议论下去，你们就是心目中没有国君的臣子，还害得我要成为不孝的儿子了！"神宗导演了这一幕父子双簧，群臣无话可说，"梃击"一案也就不了了之。

红丸案

泰昌元年（1620年）8月，明神宗朱翊钧当了48年皇帝后死去，朱常洛即位，史称明光宗。郑贵妃怕朱常洛对她报复，连忙想法讨好

◆ 明神宗

◆ 大殿

朱常洛。朱常洛当太子时，身边有两个姓李的选侍，号称东李西李。朱常洛特别宠爱西李，郑贵妃首先拉拢西李，她出面提议立西李为皇后，西李则提议封她为皇太后以作为报答。郑贵妃又挑选了8个美貌的女子送给光宗。朱常洛沉溺于女色，身体一下子垮下来。他吃了宦官崔文升进的泄药，一天要拉三四十次，人眼看着就要不行了，鸿胪寺丞李可灼自称有仙丹，治得了朱常洛的病。朱常洛一听说是"仙丹"，十分欢喜，连忙叫太监召李可灼进宫送药。李可灼进的药是一种红色的丸子。朱常洛吃了一颗，病情好像有了缓解，一再夸奖李可灼："忠臣！忠臣！"下午三点多钟，朱常洛又吃下一颗红丸，想不到，第二天黎明，他就死掉了。算起来，明光宗朱常洛前前后后只当了一个月的皇帝。

明光宗朱常洛暴死，朝中大哗。人们指责崔文升是郑贵妃的心腹，他故意用泄药，伤了朱常洛的元气，其罪不在张差之下。又指责李可灼结交宦官，妄进红丸，是导致朱常洛死亡的元凶。最后两人同时被处死，红丸案也没有能够进一步追查。

移宫案

光宗死后，他的妃子又上演了一出闹剧。光宗宠爱两个妃子，习惯上称东李、西李，西李最受宠爱。郑贵妃决定与西李联合起来掌握后宫，两人一拍即合，郑贵妃建议立西李为皇后，而西李投桃报李，建议封郑贵妃为皇太后。谁知这些建议还未变成现实，光宗便撒手归西。按常规，西李应该搬出居住的乾清宫，让位于继任皇帝。但西李坚决不同意，不仅如此，她让太监把大臣的奏疏送到乾清宫由她审阅，颇有"垂帘听政"的架势。那时太子也就是后来的熹宗年纪尚小，无法可施，只有继续住在慈庆宫。这时外廷有一帮忠烈的大臣，以杨涟、左光斗为首，向熹宗上疏批判西李的不合理做法，从西李和太监的手中"抢"出小皇帝，接受朝臣的跪拜大礼。熹宗与他们里应外合，先是迫使西李搬移到仁寿殿，九月初六正式登基后，下旨历数西李的罪状，把西李赶到宫女养老的宫殿。

陈圆圆死因之谜

陈圆圆是明末清初的一位奇女子,由于她和明、清两朝及李自成、吴三桂都有一定联系,因此在历史上颇为引人注意。但陈圆圆是怎么死的,却是一个未获确切答案的神秘之谜。

陈圆圆本名陈沅,是吴三桂的爱姬。李自成进北京后,刘宗敏向吴三桂的父亲吴襄索取陈沅。吴襄回答说,陈沅已送到宁远(今辽宁兴城)吴三桂处,而且已死。有人据此断定陈沅于崇祯十六年死于宁远。但有人不同意这种说法,因为吴襄的话,很可能是敷衍之辞。况且,刘宗敏索取陈圆圆这件事本

身也值得怀疑。尽管一些书籍上有所谓陈沅被送到宁远的说法，但并没提到她在宁远病死。

据明、清之际的传说，陈圆圆并非死在宁远。李自成进京后得到陈圆圆，后又被吴三桂举兵夺回。吴三桂奉命向陕西、四川进兵时，陈圆圆一直随侍在侧，但其结局，不甚了了。

清孝庄太后下嫁之谜

◆ 清孝庄太后

中国历史上出现了许多伟大的女性,她们或自己称帝,如武则天;或垂帘听政,如慈禧。而中国历史上,还有一位伟大的女性,为了儿孙的权利,牺牲自己,她就是清代的孝庄皇后。

"孝庄文皇后",出生于风景美丽的科尔沁草原,是蒙古贝勒寨桑之女。13岁嫁给努尔哈赤的第八子皇太极为侧福晋。公元1636年皇太极称帝,封她为庄妃。1638年26岁的庄妃生皇第九子福临。崇德八年(公元1643年)皇太极病逝,6岁的福临在多尔衮的拥立下登基,次年改元顺治,尊其生母为皇太后,时年孝庄32岁。

关于孝庄与多尔衮的情感，多数史料都这样记载：皇太极病重时，孝庄与多尔衮一直随侍在侧，两人时常眉目传情。皇太极死后，多尔衮不争皇位，而力主皇太极之子福临继承大统。孝庄为此感激不尽，并以太后身份传懿旨，令多尔衮便宜行事，随意出入禁宫，不须避嫌。

近代发现的"顺治遗诏"，里面提到太后下嫁给多尔衮一事。因此，人们也就宁可信其有，不可信其无了。

不过，也有持反对意见的，认为那只是反清人士的造谣之词，借此侮辱皇室，以泄亡国之恨。

◆ 清孝庄太后陵

顺治帝出家之谜

◆ 顺治帝像

顺治十八年（公元1661年）正月初八，大清帝国第一位入主中原的天子福临告病身亡。其子玄烨即位，就是清圣祖康熙皇帝。然而不久，有关顺治帝出家的消息就在民间广为流传，演绎颇多，给顺治之死染上神秘的色彩，成为迄今仍无法定案的历史之谜。

野史与民间传说最广的说法，是顺治因宠爱的董鄂妃去世而遁入空门。据史书记载，董鄂妃出身于满洲世族之家，"年十八，以德选入掖廷"，备受宠爱。顺治十四年，董鄂妃诞下皇四子。次年正月，此子不幸夭折，董鄂氏伤心欲绝，染病不起，于顺治十七年八月病逝，年仅22岁。顺治下令"辍朝五日"，又破例追封董鄂氏为皇后，并加谥号"孝献庄和至德宣仁温敬皇后"。还亲自撰写"董鄂妃行状"的祭文，又命大学士金之俊写了《孝献皇后传》。

民间也有顺治出家一说。据说

埋葬于清东陵孝陵中的是空棺，而没有福临的遗体。有人考证，满洲有火葬旧俗，清太宗皇太极、摄政王多尔衮都为火葬。孝陵中不仅有埋葬顺治遗物的衣冠冢，其中还有顺治的宝宫（骨灰坛）。但由于顺治火化不见于《清实录》记载，故引起人们的怀疑。

与传说相反，正史则记载顺治因病而逝。《平圃杂记》对此亦有详细记述：顺治十七年底，福临染上天花，医治无效死亡。但是顺治从宣布生病到死亡，不过三四天，且只有22岁；又因以上种种疑点，而使顺治出家的故事愈传愈广，成为千古奇闻。

◆ 顺治帝铜像

刘备识诸葛亮之谜

◆ 诸葛亮

备受世人称赞的识人佳事莫过于刘备识诸葛亮了,"三顾茅庐"的故事妇孺皆知,但是刘备真的"三顾茅庐"过吗?

东汉末期,军阀混战,一些实力较强的军事集团击败对手,建立了根据地。当时曹操据有北方,孙权盘踞江东,唯有自诩为汉宗室之后的刘备,常寄人篱下,没有固定的立足之地。在这种情况下,刘备"思贤若渴"、"礼贤下士",四处寻访能辅佐自己建立功业的贤才。有一位善于识别人才的名士司马徽告诉他:一般的读书人,怎懂得时势!只有俊杰之士,才知晓天下大势。我们这里称得上俊杰的有卧龙(诸葛亮)与凤雏(庞统)。不久,颖川文士徐庶前来投奔刘备,刘备对他十分赏识。他却说我并没什么才能,我的朋友诸葛亮才是个杰出的英才,将军难道不想见见他?刘备原想让徐庶去将诸葛亮请来相见,徐庶却说,"此人可就见,不可屈致也,将军宜枉驾顾之"(《资治通鉴·建安十二年》)。于是,刘备带着关羽、张

飞,亲自赴襄阳(今湖北襄樊)城西20里的隆中卧龙岗访诸葛亮。"凡三往,乃见"。两人促膝长谈后,大有相见恨晚之感,从此刘备获得诸葛亮的鼎力辅佐,终于"三分天下有其一",建立蜀汉政权。此即刘备"三顾茅庐访诸葛"的故事。

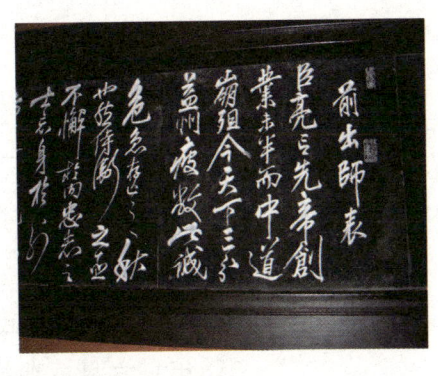
◆ 出师表

千百年来,"三顾茅庐"成为求贤若渴的典范、尊重人才的代名词。"三顾"才使"鱼水合",也成为一种历史定说。

长期以来,由于三国故事有浓厚的传奇色彩,也由于刘备求贤若渴、谦逊待人的风度,更符合社会心理,因此"三顾茅庐"之说压倒"北行见备"之说而广为流传。至于历史的本来面目究竟如何,还需要史学家们严肃考证。

◆ 成都武侯祠·诸葛亮像

◆ 诸葛亮

曹操陵墓之谜

《三国志·武帝纪》记载，建安二十三年（公元218年）六月，曹操下诏令对身后事做出安排："古之葬者，必居瘠薄之地。其规西门豹祠西原上为寿陵，因高为基，不封不树。《周礼》冢人掌公墓之地，凡诸侯居左右以前，卿大夫居后，汉制亦谓之陪陵。其公卿大臣列将有功者，宜陪寿陵，其广为兆域，使足相容。"两年后，这位杰出的政治家和军事家病逝于洛阳，遗令曰："天下尚未安定，未得遵古也。葬毕，皆除服……敛以时服，无藏金玉珍宝。"魏文帝曹丕遵照曹操的遗

◆ 曹操

嘱，将其遗体运回邺（今河北临漳西南邺镇）安葬。晋陆机的《吊魏武帝文·遗令》中，有"葬于邺之西岗上，与西门豹祠相近"一语，可见曹操的归宿，如其身前所愿。然而，由于西门豹是个除暴安良的历史人物，黄河流域包括邺地居民惯以建立西门豹祠避祸禳灾，临漳一带有多处西门豹祠，哪一个西门豹祠附近有曹操陵墓呢？而且，曹操遗令为"规西门豹祠西原上为寿陵"，陆机所书则为"葬于邺之西岗上"，两处地点大相径庭，是误还是诈？不得而知，遂使曹操陵墓所在，成为后世争论不休的悬案。

◆ 赤壁

◆ 曹操塑像

有人根据《舆图备考》《方舆纪要》等史籍记载，认为曹操生前曾设72处疑冢，使人真伪难辨，难掘其坟。这些疑冢分布于从临漳三台村以西八里的讲武城至磁州之间，一座座如山丘布列，其中必有一座真墓。但是，从后来的挖掘却没有发现曹操的真墓。

曹操陵墓究竟何在，仍是个未解之谜。

花木兰其人其事之谜

◆ 花木兰卡通形象　　◆ 豫剧花木兰

《木兰诗》是我国一首优秀的古代民歌，诗中描写了木兰女扮男装、代父从军的故事，受到历代人们的景仰和传颂。然而对于木兰其人其事的传说非常多，孰是孰非，至今仍无定论。

历史上有无花木兰其人？南宋程大昌根据白居易"怪得独饶脂粉态，木兰曾作女郎来"（《木兰花》）和杜牧"弯弓征战作男女，梦里曾经与画眉"（《题木兰庙》）诗句，而肯定花木兰实有其人。宋代《太平环宇记》记载道："黄岗县（今湖北黄岗县）有木兰山，有庙在木兰乡。"因而有人说花木兰是黄州人，也有

的说是宋州（今河南商丘市）人。有的经过考证，认为木兰姓魏，有的说姓宋，而多数人认为姓花。有的文章考证"木兰"是鲜卑族姓，因而断定木兰是鲜卑族人。

也有人认为，以上这些说法只能说明后人喜爱花木兰这个英雄人物形象，因而将"木兰"写入诗里，用"木兰"作地名，但都不足以证明真有花木兰其人。

有人认为，花木兰虽未必实有其人，但北人矫健尚武，骑马射箭成为风气，不仅男人如此，女人也一样。因此，《木兰诗》应是流传的一个相类似的事实，经许多无名作者的润色，民间艺人的传唱，后又经过各族人民的流传，成为有系统的故事诗，而花木兰则是人民从现实生活中塑造的典型化了的人物。

兀术遗桧书是否存在之谜

◆ 岳飞庙

◆ 岳飞

岳飞是我国历史上著名的抗金英雄，然而，在宋金之战发展到关键时刻，岳飞突然被召回，又以谋反的罪名入狱被害，这对于偏安一隅的南宋王朝来说，无疑是自毁长城的行为。究竟是什么原因使得宋高宗出此下策呢？

史学界有一种看法，认为这是宋金间达成的默契，以杀害岳飞为条件，换取绍兴十一年（公元1141年）十一月绍兴和约的签订。然而，这一说法至今仍不能成为定论，因为其间的一个重要证据"兀术遗桧书"的存在与否，尚未达成共识。

清代人赵翼认为，所谓"兀术遗桧书"，是一些人的附会之词，因为与秦桧勾结的是挞懒，不是兀术，兀术怎么会平白无故地遗书秦桧？

也有学者反对简单否定"兀

术遗桧书",他们指出:由于秦桧父子当权时肆意篡改历史,史书中有关岳飞的记载残缺不全,错误百出,其中不乏荒诞离奇、面目全非之处,故不能苛求岳珂的错讹和疏略,也不宜对缺少旁证的史料一概否定。

总之,宋金议和是宋金关系史的转折点,它使双方由积极进攻转为长期对峙,而岳飞被害与宋金和约之间,究竟有无必然联系,"兀术遗桧书"是极为关键的研究资料,因而更应揭开它的谜底。

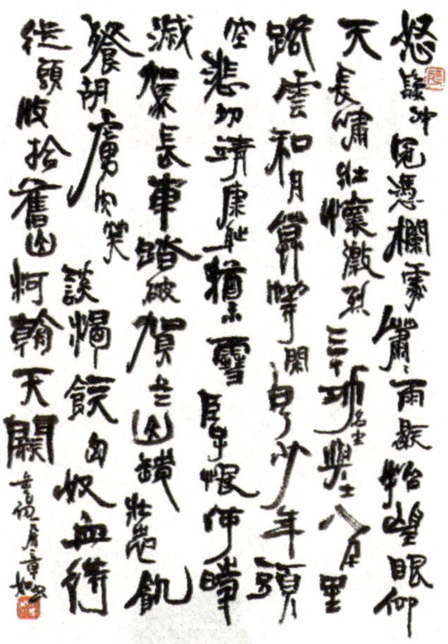

◆《满江红》

"烛影斧声"之谜

宋太祖赵匡胤一夜之间猝然而逝。死后第二天,其弟赵光义(即宋太宗)名不正言不顺地继承了皇位,而当时太祖的两个儿子都已成年且身体康健。这种种不正常的现象引起了很多人的猜测和遐想:太祖究竟是死于正常还是非命?太宗是不是弑兄篡位呢?流传较广的一种说法即是"烛影斧声"案。

在公元976年的一个雪夜里,太祖心情不好。他召弟弟进宫,摒退了宦官、侍女,只留兄弟二人对饮。从殿外向宫内望去,只见烛光灯影下,太祖不时地起身。喝完酒,太祖一边用斧头在积雪上刺字,还一边说着"好做好做"。这晚赵光义留宿宫中。第二天天刚亮,太祖就死了,于是赵光义受遗诏即皇位。这就是得出太宗弑兄说法的起因。

但是,有学者认为宋太祖是正

常死亡,而"烛影斧声"只是杜撰,或许太宗即位也只是一种偶然而并非事先的阴谋。

《宋史·太宗本纪》也曾提出一串疑问:既然杜太后有"皇位传弟"的遗诏,太宗为何要一再迫害自己的弟弟赵廷美,使他郁郁而死?太宗即位后,太祖的次子武郡王赵德昭为何自杀?太宗曾加封皇嫂宋后为"开宝皇后",但她死后,为什么不按皇后的礼仪治丧?上述迹象表明,宋太宗即位是非正常继统,后人怎么会不提出疑议呢?

近代学术界基本上肯定宋太祖确实死于非命,但有关具体的死因,还是没有具体定论。

有关宋太祖之死,目前仍未找到确凿无疑的史料。

雍正继位之谜

康熙是中国众多有作为的国君中很出名的一位,他具备雄才大略,在位61年,削平三藩,打败准噶尔贵族噶尔丹,与俄国签订《尼布楚条约》,功劳卓著。他解决了国家大事,却无法解决家庭内部之事,他的后半生一直为立太子之事痛苦不已。

而历来雍正篡位的说法民间甚是流行。康熙六十一年十一月十三日(公元1722年12月20日),康熙皇帝玄烨驾崩,皇四子胤禛即皇帝位。

随着雍正将起居地点改为养心殿，组织编纂有意辟谣的《大义觉迷录》，惩处兄弟、宠臣以及另辟陵址，有关雍正篡位的传说便开始一发不可收拾。

证诸史实，此事不可信，因为清朝宫廷的书写制度，满汉两种文字并用，绝不会只用汉文；并且，照惯例诸皇子应称皇第几子，如皇十四子，绝不会只写"十四子"，遗诏全文应为"皇位传于皇四子"，因此汉文也无法添改。雍正继位遂成一谜。

◆ 康熙

雍正猝死之谜

1735年,在位仅十几年的清朝第三位皇帝雍正突然死亡。雍正当政时,颇有作为,他的猝死,后世议论很多。它与"太后下嫁"、"顺治出家"并称清宫奇案。雍正猝死的原因何在?长期以来,人们有不同的说法。

正常死亡说。根据最早记载雍正死因的史料《起居手册》所述,"八月二十一日,上不豫,仍办事如常。戌时,上疾大渐,诏诸王、内大臣及大学士至寝宫授受遗诏。至二十三日子时,龙取上宾。"这条由官方记载

的史料表明,雍正属于正常死亡。另一部较有影响的官方史籍《清史稿·世宗本纪》中也说:"丁亥,上不豫,戊子,上大渐,宣旨传位皇四子宝亲王弘历。己丑,上崩,年五十八。"坚持雍正死于疾病。其他官方史籍也多持此观点。

中毒致死说。持这种观点的人认为,根据官方史料记载,雍正从得病到死亡仅3天,似不可信,而根据雍正好佛、好道的习惯,雍正的死亡可能是因服食丹药中毒而致。

第三种说法,雍正被刺而亡。雍正生前惯弄权术,天性险诈,有"谋父、逼母、弑兄、屠弟"的传说。激起了民愤,被死者遗留家属刺死。

许多年过去了,雍正猝死之谜还是没有解开。

◆ 紫禁城的屏障—永定门

乾隆身世之谜

◆ 乾隆帝

乾隆是中国历史上执政最长的皇帝之一。他在位时,清朝正处于鼎盛时期。有关乾隆的传说很多,最为人津津乐道的是乾隆的身世之谜。

传闻最广的是说乾隆为海宁陈氏之子。据说雍正为皇子时,与陈家关系极好。正巧两家同月同日生子,雍正很高兴,命将陈氏之子抱来。等还回去时,陈家发现竟然已不是自己的儿子,

而是一女婴。陈氏惊恐万分，不敢声张。雍正即位后，对陈家非常宠眷。到乾隆朝，待陈家愈加优厚。当时陈氏父子已回海宁闲居。乾隆南巡至海宁的当天，即幸临陈家，询问陈氏家事。临行到中门时，命人把门封了，对陈氏说："以后除非天子临幸，此门不要轻易开启"。也有人说，雍正本人不知道换子之事，是一个妃子为

了固宠，用自己的女儿换成了陈家的儿子。而在陈家长大的这个女孩，后嫁给常熟蒋姓人家，蒋家特筑小楼让她居住，后世称为"公主楼"（《清朝野史大观》）。但是那时的情景是，雍正正值壮年，已经没有换子的必要了。

海宁陈家住宅有"爱日堂"、"春晖堂"的匾额，据说也是出自乾隆御笔。但经过考证乃是康熙亲笔所题。

由于"夷夏观"的存在，汉人认为乾隆因是汉族血统，才有清朝国运之昌，故此乾隆为陈氏之子的传说久盛不衰。而乾隆究竟是满族还是汉裔，仍是一个历史之谜。

昭君千古谜团

王昭君是我国古代著名的"四大美女"之一。她的事迹,在《汉书》《后汉书》等正史中都有记载,又随着各种民间文艺、野史小说的传播,而家喻户晓,妇孺皆知。

昭君出塞的原因,是众说纷纭的话题。较为普遍的看法是,昭君自恃容貌出众,不屑于买通画工毛延寿,结果画像被丑化。当时,汉元帝召幸宫女,以画像的美丑作为选择的标准,昭君因此失宠。久之,渐生苦守宫廷之怨,恰巧匈奴前来求亲联姻,她便主动请求出塞和亲。

◆ 昭君

但是还有一种说法：王昭君所以出塞，是画工毛延寿设下的救国计策。因昭君貌美非凡，毛延寿唯恐已经沉恋于女色的汉元帝更不能自拔而误国，于是在画昭君肖像时，有意进行丑化。结果，汉元帝果然弃她而将其远嫁匈奴。

第三种说法认为，王昭君是一个平民出身的不同凡俗、胆识过人

的宫女，为了摆脱宫廷牢笼的束缚，也为了汉匈两族世代团结友好，自愿应召，作为"和亲使者"远嫁匈奴。

西施有无之谜

◆ 西施故里寻"西施"

西施,又称西子,是春秋末期越国人。相传姓施,名夷光,因居宁萝西村,故被称为西施。她虽出身寒微,但容貌非凡,是天下美人。公元前485年,西施被选入越都,经3年学舞习礼后,越国把西施、郑旦一起献给了吴王。

然而,被称为我国古代四大美女之一的西施,她的有无却引起了人们的争议。

据《管子》载:"毛嫱,西施,天下之美人也",其作者管仲系春秋初年人,因此西施要比勾践早一百多年,从而否定有越王勾践献西施给吴王之说。清代戴望则根据《庄子·齐物论》释文引司马彪云:"毛嫱,古美人;西施,夏姬也",认为西施是"夏时人,吴之西施明矣"。

但肯定越国有西施其人的人们认为,《管子》非一人之笔,亦非一时之作,上述这条史料是后人补进去的。至于西施是夏姬之说,按郭沫若的解释是,越人为夏禹之后,故越姬亦称夏姬。还有人以出土文物来证实:曾有两面绍兴出土的汉代制作的吴越人物画像铜镜,其上有王女二人(一作越王二女),均着宽袖长

◆ 西施故里

裙,峨冠博带,风姿绰约,亭亭玉立,无疑是西施、郑旦的形象;同一镜面上,还有勾践、西施、范蠡、伍子胥、吴王画像,所以西施与勾践为同一时代之说,是毫无疑问的。

迄今为止,关于西施的有无之说,尚未取得一致的看法。

貂婵之谜

谈起貂蝉，人们总是情不自禁地想到那句众人皆知的顺口溜"吕布戏貂蝉"，并编演了种种以之为名的戏剧，对其中人物的刻画也是淋漓尽致。

自古以来，关于貂婵也是众说纷纭。经查询，有4种比较贴近的说法：

一说她是王允的歌妓。王允在东汉献帝时任司徒，他为了除掉董卓，就想用美人计来达到目的。貂蝉知情后，表示愿意为王允效劳。她按王允的连环计，以其姿色挑起了吕布和董卓的矛盾，最后终于借吕布之手杀了董卓。

二说她是董卓的婢女。据《后汉书·吕布传》

记载:"卓以布为骑都尉,誓为父子,甚受信之,常小失意,卓拔戟掷之,布拳得免。由是阴怨于卓。卓又使布守中阁,而私与侍婢情通,益不自安。"这记载就是传说凤仪亭掷戟之事,可见,貂蝉是董卓的婢女。

三说她是吕布之妻。据《三国志·吕布传》注引《英雄记载》吕布之妻是随军生活的。故而,人们认为所记述的那位吕布之妻就是貂蝉。

四说她是吕布部将秦宜禄之妻。据《三国志·关云长传》注引《蜀记》载,曹操与刘备攻打吕

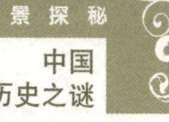

◆ 豫剧吕布与貂蝉

布，关羽想娶秦宜禄之妻，曹操先是答应，待破城后，曹操却暗自据为己有，故而引起关羽的妒恨之心，后来关羽就把她杀了。元人杂剧《关公月下斩貂蝉》就是以此附会而成。所以秦宜禄之妻也就成了传说中的貂蝉。关于貂蝉的传说真是言者多多，具体如何却莫衷一是。

北宋名妓李师师归宿之谜

李师师是北宋末年色艺双绝的名妓,她慷慨有美名,号为"飞将军"。她的事迹在笔记野史、小说评话中多有记述。张端义《贵耳集》、张邦基《墨庄漫录》中,说李师师曾与著名文人周邦彦、晁冲之有来往,并互有诗词相赠,于是成为北宋后期的一段风流韵事。

宋徽宗在位期间,自政和年间以后,也常微服出游,由数名内臣导从,乘小轿子前往李师师家。相传

◆ 江南

聚众梁山泊起义的宋江,打算归顺朝廷时,想利用李师师与徽宗的关系,也偷偷进入汴京访李师师。由于李师师深得徽宗宠信,后来徽宗索性把她召入内宫,册封为瀛国夫人或李明妃。宣和七年十二月(公元1126年1月),徽宗因金军进逼,将皇位让给太子钦宗。李师师失去靠山,为了免祸,曾汇集徽宗赏赐的钱财,献给官府,以助河北军饷,并自乞为女道士。靖康元年(公元1126年),钦宗下令籍没李师师家。不久,汴京沦陷,北宋灭亡。经过这次变故,李师师不仅家产殆尽,而且她本人的下落也变得众说纷纭,扑朔迷离了。

李清照改嫁之谜

◆ 李清照铜像

北宋女词人李清照（公元1084—?），才华横溢，留给后世的不仅有清远俊逸的词作以及夫妻志趣相投、同研金石的佳话，还有一个不可轻易而解的谜，即她在赵明诚（公元1081—1129年）死后，是否改嫁张汝舟。

此谜源于宋代，宋赵彦卫《云麓漫钞》录有李清照《上内翰綦公（崇礼）启》（以下简称《启》）。《启》中载有清照重病期间被骗结婚（时绍兴二年，即公元1132年），后发现丈夫张汝舟士侩面目，冒坐牢之险告官揭发其罪行（宋刑法规定妻告夫虽属实，仍需服刑两年），在綦崇礼的帮助下免受牢狱之苦的经过。清照此《启》就是向綦崇礼表示感谢的书札。

一直以来，围绕她是否改嫁的问题，人们争论不休。

◆ 李清照

近年又有一说颇有新意，即认为过去的争论皆因人们错误地理解了《启》中"官文书"一词，把它作"告身"、"委任状"解。其实张汝舟持委任状与清照何干？"官文书"是官家所出文书的总称，此处是指判决书。清照因"颁金通敌"之诗被官问罪，其出路之一就是沦为官婢强卖于人。张汝舟手持的就是官府判的官文书，才对清照有威慑力，可以强以同归。改嫁之事应是女方为主，一个孀妇因错判而为人所占，能说是改嫁吗？因此，就清照再婚的性质而言，"改嫁"与"不改嫁"二说都不能成立。此说颇为新颖，不失为一家之言。

明初建文帝下落之谜

公元1402年,一位登基仅仅四年的年轻帝王"建文皇帝",已经走到了生命的尽头。欲置他于死地的,正是他的叔叔燕王朱棣。这就是明史上著名的"靖难之役",兴兵夺权的燕王朱棣最终登上皇位,史称永乐皇帝,在他的统治下,明王朝不仅完成了从南京迁都北京的浩大工程,更开创了一段辉煌的"永乐盛世"。而那场曾经改变历史的大火,也在史家的笔端,浓缩成了"帝自焚"这样一行简单的记载。

书中也另有记载:建文帝和随从打扮成僧人的模样,沿着皇宫密道逃出来。

还有一种说法是他逃出去后,计划"伐燕诏檄"的事宜。据史籍记载,朱棣将无数无辜宫女也加诛杀。建文大臣茅大芳,只因先前写过一首诗:"幽燕消息近如何?闻道将军志不磨,纵

有火龙翻地轴,莫教铁马渡天河!",便被满门处斩。方孝孺、齐泰、黄子澄等一大批有愚忠思想的朝臣,少者被诛一族,多者十族,杀人如麻,"里落为墟";流放者更"不可胜计"。明成祖这样干,显然是因为建文帝逃亡,怕这些人忠于旧君,里应外合,所以斩草除根,"宁可错杀一千,绝不漏掉一个",连83岁的老人及婴儿也不放过。到了万历十三年(公元1585年),快二百年过去了,朱棣的后世子孙朱翊钧才将方孝孺一案被流放者的后裔1 300多人释放。拖得这么久,大约也是担心他们会成为《伐燕诏檄》的响应者吧!

历史上建文帝的下落,只能是个迷了。

◆ 有一种说法是建文帝扮成僧人从地道逃生了

杨贵妃下落之谜

◆ 杨贵妃墓

提到杨贵妃,更是无人不知,无人不晓,其名杨玉环,是唐玄宗的妃子,被尊为中国古代四大美女之一,京剧《贵妃醉酒》至今仍被人们广为传颂,百看不厌。

有人说她缢死马嵬。公元755年,安史叛乱。次年6月12日,唐玄宗弃都长安,偕贵妃及随从

出奔西蜀。次日中午，在到达陕西省马嵬坡时，六军不发，请诛杨。唐玄宗除处死杨国忠外，迫于情势，同意赐死杨贵妃，贵妃乃被缢死。

还有的人说杨贵妃逃亡日本。日本民间和学术界有这样一种说法，当时在马嵬被缢身亡的乃是一个侍女。军中主帅陈玄礼怜贵妃貌美，不忍心杀她，就与高力士密谋，以侍女代死。杨玉环则由陈玄礼的亲信护送南逃，行至现在的上海附近，扬帆出海，漂泊到日本的久谷町久津等地，最后在日本终其天年。

◆ 杨贵妃上马图

另外有些人说她流落民间。

还有人提出了一个十分有趣的问题,对"四大美女"之称表示怀疑。这四位女性,在中国历史上,都起过举足轻重的作用。她们聪明机智,胆大心细,具有侠肝义胆,凭借着超人的美貌,周旋于帝王、显贵之侧,往往在关键时刻,发挥不可小觑的作用。因此,与其说是美女,还不如说是才女更为确切。

◆ 杨贵妃洗澡的地方

梁祝有无之谜

梁山伯与祝英台的故事，在我国可以说是家喻户晓、妇孺皆知。随着越剧《梁山伯与祝英台》这第一部彩色舞台艺术片的问世，梁祝"走向了世界"，被国际友人誉为中国的罗密欧与朱丽叶。但是，历史上是否实有梁祝其人其事？多少年来，这仍是一个众说纷纭、饶有兴趣的谜。

◆ 玉石梁祝

否定有梁祝其人其事者认为：梁祝和《白蛇传》《牛郎织女》《孟姜女》合称中国四大民间故事，后来编成戏剧。梁祝只是民间传说，现实是不存在的。

然而说梁祝历史上实有其人其事的人也不少。如清代乾隆时著名经学家焦循，他在《剧说》卷二中引宋元之际刘一表的《钱塘遗事》及自己亲身见闻，说全国至少有四座所谓梁祝墓。其一为河北省河涧府的林镇梁祝合葬墓；其二为山东

省嘉祥县的祝英台墓；其三为浙江省鄞县西十里摸待寺后的梁祝墓，亦称"义妇冢"；其四为江苏省扬州城北槐子河旁的祝英台墓。焦循根据方志书上的详细记载，推断不能排除历史上实有梁祝其人其事。

但即使有梁祝其人其事，目前还有东晋、明代两说。持祝英台为明人说者认为，焦循曾目击山东嘉祥县明人为祝英台所刻碣石拓片，加之明人有传奇《同窗记》（演梁祝故事），焉知不正是演的明代当代时事？

关于梁祝其人其事之谜，的确需要我们今后去探索、破解。

◆ 越剧梁祝